LECTURES
INTERMÉDIAIRES

OU

NOUVEAUX EXERCICES GRADUÉS

CONTENANT :

1° ENVIRON 12,000 MOTS CLASSÉS MÉTHODIQUEMENT ;

2° LA PRONONCIATION

DE TOUS LES MOTS DIFFICILES ;

3° DES MODÈLES DE LECTURE SUIVIES D'EXERCICES POUR LA LECTURE LATINE ;

4° UN CHOIX DE LECTURES COURANTES OU L'ON A RÉUNI

DANS DE JOLIES HISTOIRES

LES QUALITÉS QUE LES ENFANTS DOIVENT ACQUÉRIR

LES DÉFAUTS QU'ILS DOIVENT ÉVITER

DES TRAITS DE POLITESSE, DES FAITS HISTORIQUES, BIOGRAPHIQUES, ETC.

Pouvant servir de complément à toutes les méthodes de lecture

PAR

Ch. CHABOT-JURANVILLE

Auteur du Calcul oral

PARIS

LAROUSSE ET BOYER, LIBRAIRES-ÉDITEURS

Rue Saint-André-des-Arts, 49

LECTURES

INTERMÉDIAIRES

ou

NOUVEAUX EXERCICES GRADUÉS

IMPRIMERIE MAULDE ET RENOU, RUE DE RIVOLI, 144.

LECTURES

INTERMÉDIAIRES

ou

NOUVEAUX EXERCICES GRADUÉS

CONTENANT:

1° PLUS DE 12,000 MOTS CLASSÉS MÉTHODIQUEMENT ;
2° LA PRONONCIATION
DE TOUS LES MOTS DIFFICILES ;
3° TOUTES LES RÈGLES DE LA LECTURE SUIVIES D'EXERCICES POUR LA LECTURE LATINE ;
4° UN CHOIX DE LECTURES COURANTES OU L'ON A RÉUNI
DANS DE JOLIES HISTOIRES
LES QUALITÉS QUE LES ENFANTS DOIVENT ACQUÉRIR
LES DÉFAUTS QU'ILS DOIVENT ÉVITER
DES LEÇONS DE MORALE, DE POLITESSE, DES FAITS HISTORIQUES, BIOGRAPHIQUES, ETC.

Ouvrage destiné à servir de complément à toutes les méthodes de lecture

PAR

Mlle CLARISSE JUBANVILLE

Auteur du Calcul oral

L. & B.

PARIS

LAROUSSE ET BOYER, LIBRAIRES-ÉDITEURS

Rue Saint-André-des-Arts, 49

1858

AUX ENFANTS

C'est à vous, chers enfants, qu'est dédié ce petit travail. Il n'a été entrepris que pour vous aplanir les premières difficultés de la lecture courante; que pour vous mettre bien vite en état de lire avec fruit, pour votre intelligence et pour votre cœur, les livres qu'on mettra entre vos mains. Lisez-le avec attention, et bientôt, j'ose l'espérer, vous en retirerez les meilleurs résultats. Oh! combien je serai heureuse alors, chers enfants, objet de ma plus tendre sollicitude, si j'ai pu vous être utile!

C. JURANVILLE.

Août, 1858.

PRÉFACE

—

Lorsqu'un enfant quitte sa méthode de lecture, quel livre doit-on lui donner ? — Ici les avis des maîtres se partagent : les uns prétendent que l'enfant doit passer sans transition de la méthode au premier livre de lecture courante, pris indistinctement parmi tous ceux que nous possédons dans nos classes; d'autres, au contraire, et ce sont les plus rationnels, veulent que l'élève ait alors entre les mains un ouvrage spécial, contenant des exercices où les règles et les difficultés de la lecture se présentent tour à tour à ses yeux. Nous partageons cette dernière manière de voir; en voici la raison : quand un enfant lit pour la première fois dans un livre de lecture courante ordinaire, c'est-à-dire ne contenant aucun exercice préparatoire, il hésite à chaque mot nouveau (et quel est celui qui ne l'est pas pour lui ?), il s'arrête, il craint de se tromper; tout entier alors à cette préoccupation, à la difficulté à vaincre, il lit sans comprendre, partant sans goût, sans plaisir, et conséquemment sans progrès. La leçon de lecture, au lieu de l'intéresser, devient un devoir ennuyeux, une obligation pénible. Souvent même le livre est usé avant qu'il ait rempli son but principal : former le cœur, développer l'intelligence.

Le seul moyen, selon nous, de remédier à cet inconvénient, de rendre immédiatement la lecture attrayante et efficace, est de donner aux élèves, au sortir de leur méthode, un livre de lectures intermédiaires où ils soient initiés graduellement à toutes les difficultés. C'est cet ouvrage que nous venons présenter avec confiance aux maîtres ; il contient, en vingt-cinq chapitres correspondant chacun aux vingt-cinq lettres de l'alphabet :

1° *Plus de 12,000 mots classés méthodiquement*, c'est-à-dire que pas un seul n'a été mis au hasard ; chacun d'eux est placé de manière à réclamer l'attention, à fournir un objet de comparaison avec le mot qui le suit et celui qui le précède. Ces exercices sur les mots isolés ont été gradués de telle sorte que toutes les combinaisons graphiques de la langue viennent tour à tour se présenter aux yeux de l'élève, et ne lui laissent aucun mot inconnu à la fin du volume. Nous avons ajouté des noms propres : hommes remarquables ou connus dans l'histoire, villes, prénoms, etc., l'expérience nous ayant démontré que ces mots sont presque toujours des pierres d'achoppement pour les élèves dans les commencements de la lecture.

2° *La prononciation de tous les mots difficiles.* Nous avons pris pour guide le Dictionnaire de prononciation de M. Larousse, le lexicologue par excellence de notre temps.

3° *Toutes les règles de la lecture et celles qui sont particulières à chaque lettre.* Par cette disposition toute nouvelle, les règles (toujours un peu abstraites) se graveront mieux dans la mémoire.

4° *Un choix de lectures courantes* où nous avons réuni tout ce qui nous a paru de plus utile, de plus intéressant pour la classe de lecteurs auxquels nous nous adressons : les devoirs des enfants, les qualités qu'ils doivent acquérir, les petits défauts qu'ils doivent éviter, quelques traits historiques, biographiques, des leçons de morale, de politesse, etc.

5° *Des exercices sur la lecture latine.* Ces exercices, que nous n'avons encore rencontrés nulle part, permettront aux élèves de surmonter promptement les quelques difficultés de cette lecture.

PROCÉDÉS

———

Le maître fera bien de se servir des trois procédés différents que nous allons lui indiquer pour la lecture des mots.

Premier procédé. — La division ou le cours étant formé, tous les élèves devront lire chacun un mot, dans le sens horizontal, successivement jusqu'à la fin de la page, ou mieux de l'exercice. Ex. :

1er, abaisser ;
2e, abajoue ;
3e, abaque ;
4e, abasourdir ;
5e, abatage ;
6e, abâtardir, etc.

Deuxième procédé. — Lorsque tous les mots de la page ou de l'exercice seront épuisés, chaque élève devra lire une ligne entière du même exercice, toujours dans le sens horizontal. Au premier procédé, l'élève ne doit dire qu'un seul mot lorsque son tour arrive ; dans celui-ci, au contraire, il lit une ligne entière. Ex. :

1er abaisser, abajoue, abaque, abasourdir.
2e abatage, abâtardir, abatis, abattoir.
3e abbaye, etc.

Troisième procédé. — Quand tous les mots auront été lus deux fois horizontalement, chaque élève devra lire une colonne entière ou une demi-colonne dans le sens vertical. Ex. :

1ᵉʳ abaisser, abatage, abbaye, abécédaire, abîme, abominable, etc.
2ᵉ abajoue, abâtardir, abbatial, abeille, abhorrer, etc.

Tout élève qui, à la lecture des mots, d'après le troisième procédé, fera des fautes, devra avoir un mauvais point.

Celui qui, au contraire, lira sans faute au premier procédé, devra avoir un bon point; un demi-bon point au deuxième.

Les bons et les mauvais points devront être réunis à la fin de chaque chapitre.

L'élève perdra une place quand il ne saura pas lire un mot au troisième procédé; il sera remplacé par celui qui aura bien *lu* le mot, car le maître ne doit prononcer le mot que quand tous les élèves n'ont pu le faire eux-mêmes.

Nous croyons inutile d'ajouter que le maître pourra, quand il le jugera à propos, lire lui-même une première fois, revenir sur les mêmes exercices, sur les règles, etc.

La disposition méthodique des mots sera d'un grand secours aux élèves sous le rapport de l'orthographe usuelle. Rien de plus facile au maître que de donner, en temps convenable, une page ou un certain nombre de lignes à épeler.

LECTURES INTERMÉDIAIRES

CHAPITRE Ier

A

RÈGLES PARTICULIÈRES A LA LETTRE **A**

ail	**ain**	**aine**	**air**
émail	prochain	douzaine	paire
portail	pain	domaine	éclair
travail	plainte	graine	chair
camail	poulain	naine	taire
vitrail	levain	humaine	maire
bétail	grain	certaine	braire
poitrail	demain	lointaine	faire
bercail	soudain	vaine	traire
gouvernail	main	soudaine	plaire
attirail	lointain	quinzaine	prairie

ai *se prononce* **é** *dans :*
>   je chanterai
>   je verrai
>   je croirai, etc.
>   j'ai vu
>   je l'ai vu

ai *se prononce* **è** *dans :*
>   je chanterais
>   il aimait
>   ils chanteraient, etc.
>   que j'aie vu
>   que je l'aie vu

a *est nul dans :*
>   taon
>   août
>   Saône
>   aoûteron
>   aoriste

ai *se prononce* **e** *dans :*
>   faisant
>   faiseur
>   bienfaisance
>   bienfaisant
>   je faisais

a ab abs

abaisser	abajoue	abaque	abasourdir
abatage	abâtardir	abatis	abattoir
abbaye [1]	abbatial [2]	abbé	abbesse
abécédaire	abeille	aberration	abêtir
abîme	abhorrer	aboiement	abolition
abominable	aboyeur	abusif	abusivement
abondance	abonnir	abondamment	abonnement
aboutissant	aboucher	abouchement	aboutir
abord	abordage	abordeur	abordable
abri	abrégé	abreuvoir	abréviation
abricot	abrogation	abrupt	abrutissant
abdomen [3]	abdication	abject	abjuration
abstenir	abstention	abstinence	abstraction
abnégation	abside	absinthe	absolution
abstrait	absurde	absorbant	absence

a ac

acabit	acacia	académicien	acajou
accablant	accablement	accaparer	accaparement
acéphale	acerbe	acétate	acétique
acceptable	accentuer	accessoire	accessit
acide	aciduler	acier	acidifère
accident	accidentel	accise	accidenter
acuité	acuminé	acutangle	acutangulaire
accusation	accusé	accumuler	accusable
acolyte	aconit	acotylédone	acoustique
accolade	accolage	accoler	accolure
accommodable	accompagner	accomplir	accommoder
accroupir	accrocher	accointance	accostable
acrimonie	acrobate	acrostiche	acrement
acclamation	acclimater	actionnaire	actrice
activité	activement	actif	actuel
acquéreur	acquisition	acquittement	acquiescement
achalandage	acharnement	achoppement	achéron [4]

[1] *Prononcez* a-bé-i. — [2] *Prononcez* sial. — [3] *Prononcez* mène. — [4] *Prononcez* ché.

a ad

adage	adapter	adepte	adieu
adjacent	adjectif	adjoint	adjudication
adolescence	adonis [1]	adoptif	adorateur
admonester	admissible	administratif	adversaire
adoucissant	adroitement	adulte	adosser
adversité	advenir	adjudicataire	admettre

af

affable	affaire	affaiblir	affamer
affection	affectation	affermir	affubler
affilage	affirmer	affliction	affluence
affranchir	affreusement	affronter	africain

a ag

agaçant	agacerie	agate	agape
agence	agenouiller	agencement	agenda [2]
agonisant	agioteur	agissant	agitateur
agrafe	agraire	agrandir	agricole
agréable	agrégation	agresseur	agriculture
agneau	agnelet	aguets	agnus [3]
aggravant	agglomération	agglutinant	aggraver
ajonc	ajouter	ajourner	ajustement

a al

alaise	alambic	alarmant	alarmiste
albâtre	album	alpestre	alvéole
aléatoire	alentour	alerte	alésage
alcôve	alcool	alchimiste	alcalin
aliénable	aliboron	alignement	alinéa
alphabet	almanach	algèbre	algarade
aloès	aloi	aloyau	alouette
altier	altesse	alternatif	altération
allaiter	allégation	allégement	allégorie
allégresse	alléluia	alliance	allumette
aliquante [4]	aliquote	albinos	alguazil

[1] Prononcez nice. — [2] Prononcez jin. — [3] Prononcez ag-nuce. — [4] Prononcez cante.

a ap

apaiser	apanage	apathique	apiculteur
apercevoir	apéritif	apétale	apitoyer
aphélie	aphonie	aphorisme	aphylle
aplanir	aplatir	aplanissement	aplomb
apocalypse	apocryphe	apogée	apologiste
apostasie	apostille	apostropher	apothicaire
apsides	apte	aptère	aptitude
apparaître	appareil	apparemment	appartement
appauvrir	applaudir	appesantir	appétissant
appendice [1]	appentis [2]	appoint	appuyer
applicable	appréciable	appréhension	apprenti
apprivoiser	approbatif	approfondir	approximatif
aqueduc	aquilin	aquatique [3]	aquarelle [5]

a ar

arabesque	araignée	araire	arachnides
arrachis	arrangement	arrhes	arrière
aratoire	arène	aréopage	arêtière
arrosoir	arrogance	arrivage	arrestation
arianisme	arithmétique	aromatique	aristocratie
arbalétrier	arbitraire	arborescent	arbrisseau
ardemment	argenterie	argument	armistice
artère	arsenal	artificiel	artillerie
arquebusier	armillaire	arlequin	armateur
archiprêtre	archipel	architecte	archiviste
archange [4]	archiépiscopal	archonte	archaïsme
archéologie	archéologue	arc-en-ciel	arc [5] - boutant

a as

asiarque	asile	asine	asiatique
assaillant	assassin	assemblage	assiéger
assistance	assolement	assomption	assoupir
assujettir	assurance	assortiment	assaisonner

[1] *Prononcez* pin. — [2] *Prononcez* pan. — [3] *Prononcez* koua. — [4] *Prononcez* kan, kié, kon, ka, ké. — [5] *Prononcez* ar.

assiette	assignat	assertion	asseoir
ascension	ascétisme	asperge	asphyxie
asthme	astragale	astringent	astronomie

a at

atelier	athéisme	athlète	atôme
atlas	atlantique	atmosphère	atmosphérique
atroce	atrabilaire	atonie	atour
attachement	atteinte	attelle	attarder
attenant	atténuation	atterrer	atticisme
attendant	attention	atterrissage	attiédir
attrait	attraction	attrapoire	attristant

a av

avaler	avalanche	avaloire	avancement
avantageux	avaricieux	aveindre	aveline
aventure	avenue	aveugle	aversion
avilissant	avitailler	avénement	avenant
avocat	avoine	avril [1]	avouer

a ax

axonge	axiôme	axifuge	axe

a az

azyme	azur	azote	azerolier

a am

amadou	amaigrir	amalgame	amandier
ambassadeur	ambition	ambassade	ambroisie
amaurose	amazone	amélioration	améthyste
amphore	amphibole	amputation	amphigouri
aménagement	amendement	amen	amertume
amphithéâtre	amphore	ampoule	ambigu
ameublement	ameuter	amygdale	amiante
amulette	amusable	amoindrir	amonceler
ammoniaque	ammonite	amnistie	amnistier
ancêtres	ancienne	andouille	anfractuosité

[1] *Prononcez* avri-le.

anabaptiste	anachorète	anagramme	analogue
angine	anglican	angoisse	anguille
analytique	anarchique	anatomique	anathème
antagoniste	antéchrist [1]	anthropophage	antichrèse
annaliste	annexe	annonciation	annuel
antimoine	antidote	antipode	antithèse
anecdote	antiquaire	anthracite	anormal
anneau	anniversaire	annulation	anonyme

aï au aug aus

aérage	aérien	aérolithe	aérostat
aéronaute	août [2]	aoûteron [2]	aoûté [3]
aie	aïeul	aïeux	ailleurs
aigre	aigle	aile	ail
aisance	aisselle	ainsi	aînesse
aiguille [4]	aiguillon	aiguillette	aiguillonner
aubaine	aubergiste	audacieux	auditoire
audiencier	augmentation	aujourd'hui	aumônier
aunaie	auréole	auparavant	aurore
authentique	autocratie [5]	autographe	autorisation
autopsie	autrefois	autruche	autrui
autour	automne [6]	automnal [7]	aussitôt
auxiliaire	augmentatif	aurifère	augure
ausculter	austère	austral	auspice

NOMS PROPRES — GRANDS HOMMES — VILLES, ETC.

Angèle	Angélina	Angélique	André
Anne	Anna	Annette	Anasthasie
Ambroise	Antoinette	Amélie	Amandine
Alexandre	Alexis	Alix	Aline
Albert	Alphonse	Alfred	Albertine
Augustin	Aignan	Aurélie	Aubin
Arthur	Arnold	Adolphe	Adrien
Aglaé	Amédé	Agnès	Anatole

[1] *Prononcez* criste. — [2] *Prononcez* ou. — [3] *Prononcez* a-ou-té. — [4] Dans les mots de cette ligne *prononcez* u *et* i séparément. — [5] *Prononcez* sie. — [6] *Prononcez* tone. — [7] *Prononcez* tome-nal.

Alaric	Alecton	Alcuin	Attila
Aristide	Aristote	Arioste	Aristomaque
Annibal	Antigone	Amphitrite	Andromaque
Achille	Archimède	Archélaüs	Arcadius
Agamemnon	Agésilas	Agricola	Agathocle
Aétius	Apelle	Apellon	Astyage
Agrippine	Artémise	Atropos	Ajax
Abel	Abraham	Abimélech	Abias
Absalon	Abner	Adam	Aser
Aristobule	Achab	Achaz	Aggée
Amasias	Aman	Amri	Athalie
Artaxercès	Antipater	Antiochus	Azarias
Ammonites	Amalécites	Arménie	Assyrie
Abyssinie	Achaïe	Aram	Arabie
Abbeville	Aboukir	Astrakan	Azincourt
Alençon	Alexandrie	Alicante	Alais
Alfort	Alger	Alby	Altona
Anvers	Antibes	Angoulême	Angers
Annonay	Anneyron	Annecy	Amsterdam
Ancône	Andelys	Ancenis	Antilles
Aurillac	Auxerre	Austerlitz	Augsbourg
Aubusson	Auch	Autun	Auteuil
Ambert	Amboise	Antioche	Ancerville
Amiens	Amilly	Athènes	Argos
Avesnes	Avallon	Avranches	Avignon
Argenteuil	Arles	Arques	Arcole
Agen	Agde	Aiguillon	Aix
Ain	Aisne	Ardennes	Aveyron

EXERCICE SUR LES VERBES

ils accomplissent	ils accompagnent	ils accusent
ils accomplissaient	ils accompagnaient	ils accusaient
n. [1] accomplirions	n. accompagnerions	n. accuserions
ils accomplirent	ils accompagnèrent	ils accusèrent

[1] *Prononcez* nous.

j'accomplirai	j'accompagnerai	j'accuserai
j'applaudirais	j'apprécierais	j'apprêterais
v. [1] applaudirez	v. apprécierez	v. apprêterez
ils accueillent	ils auscultent	ils augmentent
ils accueillirent	ils auscultèrent	ils augmentèrent
n. accueillîmes	n. auscultâmes	n. augmentâmes
j'assemblerai	j'affermirai	j'acquitterai
n. achèterons	n. appellerons	n. attendrirons
v. avertîtes	v. arrosâtes	v. arpentâtes
q. n. [2] accrussions	q. n. allassions	q. n. ajustassions
elles amnistient	elles atténuent	elles aggravent

ASINET

Il était une fois.... (et malheureusement pour lui, il est encore) un petit garçon qui connaissait à peine ses lettres, quoique depuis longtemps on s'évertuât à les lui faire apprendre par cœur. Ce vilain fainéant se nommait.... Chut! chut! ne disons pas ici son nom de famille, de peur de le couvrir à jamais de honte : appelons-le tout simplement Asinet (ou petit âne), du surnom qu'il s'est acquis par son ignorance et sa paresse. Asinet donc, puisque Asinet il y a, ne savait rien, pas même lire deux syllabes de suite. Ce n'était pourtant pas faute de livres de lecture. Les jolies gravures dont sont ornés ces livres, l'intérêt que doivent inspirer à cet âge les historiettes dont chaque page est remplie, l'espoir des récompenses, la crainte des châtiments, rien au monde n'a pu jusqu'ici le décider à triompher de son indolence léthargique. Si quelquefois on lui reproche de ne rien apprendre : « Dame, moi, çà m'ennuie, » dit-il; en effet, monsieur bâille sur son livre, et n'en sait pas plus après l'avoir feuilleté d'un bout à l'autre. Bref, voilà deux ans que dure ce train de vie, et, pour peu que cela

---

[1] *Prononcez* vous. — [2] *Prononcez* que nous.

continue, Asinet, qui a déjà cinq ans révolus, n'a pas, en grandissant, d'autre perspective que celle de devenir un grand âne.

> Ne vous laissez jamais aller à la paresse ;
> Faites tous vos devoirs avec la même ardeur.
> Le dégoût suit toujours l'indolente mollesse ;
> La peine surmontée augmente le bonheur.

ARTHUR

« Oh ! comme nous allons nous amuser ! disait Arthur à ses petits camarades ; mon oncle m'a donné tantôt dix sous pour goûter ; je ne les ai pas dépensés, parce que je ne suis pas un gourmand, et je vais acheter avec, des pétards que nous ferons partir ensemble. » Toute la société approuva la conduite du petit amateur d'artifice, et l'on alla en troupe faire l'acquisition projetée ; on se procura, de cette manière, trois paquets de fusées et quelques gerbes, qui devaient faire un effet admirable. Jugez si l'on attendit la nuit avec impatience. On avait eu le soin de cacher tout l'attirail de la récréation nocturne ; preuve que l'on sentait bien que le papa ou la maman ne l'aurait pas permise. A tout moment on sortait pour voir si cette bienheureuse nuit arrivait. Enfin le jour baissa progressivement, et l'on se transporta, sans rien laisser paraître, dans un endroit un peu éloigné de la maison. Là, Arthur, en qualité de grand ordonnateur de la fête, défit un des paquets, en distribua une partie, et avec un tison qui avait été apporté à dessein, chacun eut à son tour le plaisir de brûler un des pétards dont il se composait. Cependant, le second paquet ayant été pillé par un camarade que gênait une pareille subordination, Arthur crut devoir, pour empêcher la récidive, s'emparer du troisième. Mais, hélas ! le feu d'une gerbe qu'il faisait partir de la main droite rejaillit sur la gauche, dans laquelle était déjà le paquet, l'enflamme tout entier et cause une explosion subite qui brûle les doigts et la figure du jeune imprudent.

Ses amis le crurent aveugle ou au moins très-dangereusement

blessé ; au lieu d'aller avertir ses parents, ils s'enfuirent et le laissèrent là jusqu'à ce que son père, inquiet de ne le point voir revenir, se mit à le chercher de tous côtés. Il le trouva enfin dans un état digne de pitié. Les soins qu'on lui prodigua le guérirent en peu de temps ; mais, ce n'est pas tout, cette aventure le corrigea de la manie de rechercher, comme les plus amusants, les jeux qui exposent à quelques dangers, et ses parents, satisfaits de le voir devenu raisonnable, lui donnèrent un peu plus de liberté, sans avoir lieu de craindre qu'il en abusât jamais.

AMÉDÉE

L'on ne saurait trop vous recommander, mes enfants, de vous abstenir de tous les jeux dangereux. Choisissez de préférence les amusements simples et peu bruyants. Combien de fois n'a-t-on pas vu de petits garçons assez désobéissants et imprudents pour vouloir s'amuser à jouer avec le fusil de leur père. Je connais un petit garçon, nommé Amédée, qui paya bien cher sa désobéissance sur ce sujet. Écoutez son histoire :

Un jour qu'Amédée était seul à la maison, il lui vint dans l'idée de prendre le fusil de son père, qui était attaché au-dessus d'un meuble. Il monte sur une chaise, de la chaise grimpe sur le meuble et parvient à détacher le fusil. Il le prend, l'examine, puis appelle sa petite sœur, qui jouait à la poupée dans la cour et qui s'empresse de venir. En l'apercevant, le malheureux enfant dit à sa sœur : « Tiens, regarde, Antoinette, comme je sais bien me servir d'un fusil ; c'est comme papa, n'est-ce pas ? » A ces mots il vise, met le doigt sur la détente, le coup part, Antoinette tombe baignée dans son sang. Vous dire, mes petits amis, le désespoir des parents, du malheureux frère, n'est pas chose possible ; mais il était trop tard !...

CHAPITRE II

E

RÈGLES PARTICULIÈRES A LA LETTRE É

er ier *se prononcent* **é ié** *à la fin des mots* [1]

er *se prononce* **ère** *au commencement ou au milieu des mots*

é	ère
trouver	vernir
ramer	mercredi
rester	terme
fermer	merci
berger	gerbe
verser	serviteur
couper	percer
sonder	dernier
trancher	chercher
coiffer	fermer
fermier	ermite
clouer	ergot
boucher	jardinier
horloger	pommier
boulanger	pâtissier
plancher	journalier

[1] *Excepté:*		*et dans :*
amer	cher	pervers
enfer	fier	travers
éther	hier	dessert
hiver	fer	concert
univers		je perds

ez iez *se prononcent*

é	ié
marchez	vous vouliez
venez	vous pouviez
parlez	vous pensiez
écrivez	vous alliez
lisez	vous avanciez

ent *se prononce* **e** *à la fin des verbes, c'est-à-dire avant les mots où on peut placer* **ils** *ou* **elles**

an	e
négligent	ils négligent
exigent	ils exigent
violent	ils violent
couvent	ils couvent
différent	elles diffèrent
équivalent	ils équivalent
concurrent	ils concourent
ardent	ils dardent
onguent	ils prodiguent
éloquent	ils provoquent
impotent	ils emportent
diligent	ils dirigent
mécontent	ils contentent

ent *se prononce* **in** *dans :* / **e** *est nul dans:*

in	e est nul
il obtient	ils croient
il convient	ils prient
il vient	ils jouent
il prévient	ils parlaient
il tient	ils venaient
il parvient	ils chantaient
	ils conviennent

es *se prononce* **e** *à la fin des mots, excepté dans les 6 monosyllabes suivants :* **mes tes ses les des ces,** *et dans* **tu es**

les belles pendules	ses grandes cordes
tes galettes cuites	des cerises roses
des salades fades	mes alarmes — mes plumes
ces sources douces	tes cartes — ces pièces.

EXERCICES ET RÈGLES PARTICULIÈRES SUR LA LETTRE E

Mots en **esse**

finesse	duchesse	messe	traîtresse
prouesse	princesse	noblesse	prophétesse
maîtresse	tigresse	hôtesse	tresse
comtesse	négresse	richesse	pécheresse

eu *se prononce* **u** *dans les mots suivants :*

gageure	tu eus	v. eûtes	q. v. eussiez
vergeure	il eut	ils eurent	qu'ils eussent
j'eus	n. eûmes	q. n. eussions	que j'eusse

Mots en **eil**

soleil	réveil	oseille	corbeille
vermeil	sommeil	bouteille	corneille
pareil	appareil	treille	abeille
orteil	conseil	merveille	je sommeille

Mots en **el**

miel	lequel	autel	usuelle
ciel	lesquelles	éternelle	mutuelle
vielle	auxquelles	telles	cruelle
fiel	duquel	truelle	cervelle

en *se prononce* **in** *dans les mots suivants :*

chien	rien	le sien	grammairien
ancien	le mien	entretien	parisien
lien	le tien	musicien	pharisien

païen	chrétien	obtiens	Phocéen
paroissien	collégien	tiens	Herculéen
quotidien	Domitien	préviens	agenda
combien	Sébastien	moyen	mentor
aérien	Julien	doyen	benjoin
magicien	Dioclétien	citoyen	examen
Athénien	viens	concitoyen	Benjamin
Égyptien	parviens	Vendéen	Péruvien
Vénitien	reviens	Européen	Indien

Mots en **enne**

parisienne	chrétienne	paroissienne	moyenne
païenne	musicienne	la mienne	doyenne, etc.

Dans les mots suivants **ien** *se prononce* **ian**

quotient	expédient	oriental	patienter
audience	conscience	inconvénient	science
client	émollient	impatience	faïence
clientèle	efficient	impatienter	obédience
expérience	orient	patience	sapience

Dans les mots suivants **em en** *se prononcent* **a**

femme (fa-me)	apparemment	négligemment	hennir
violemment	prudemment	solennel	hennissement
évidemment	ardemment	solennité	solenniser

Les mots se terminant par **et** *ou* **ets** *se prononcent* **è**

violet	agnelet	parquet	je promets
projet	aigrelet	valet	je permets
coquet	bosquet	inquiet	je revêts
budget	bluet	surjet	je mets
poignet	muet	j'admets	je transmets
gilet	coussinet	je commets	je soumets
cabinet	civet	j'émets	je remets

Mots en **ette**

chambrette	omelette	planchette	femmelette
pauvrette	historiette	aigrelette	noisette
chansonnette	maisonnette	violette	baguette

Mots se prononçant *euil*

recueil	écueil	je recueille	œil
orgueil	accueil	j'accueille	œillet
bouvreuil	cerfeuil	cueillir	œillère
chevreuil	cercueil	recueillir	œilleton
écureuil	feuille	accueillir	œillade

en *se prononce* ène, em *se prononce* ème *dans les mots suivants*

amen	Éden	décemvir	hem
abdomen	hymen	décemvirat	idem
spécimen	lichen	Bethléem	item
dolmen	pollen	dilemme	Jérusalem

Dans les mots ci-dessous le premier s ne se prononce pas

dessus (de-su)	ressasser	ressaisir	resserrer
dessous	ressouvenir	ressource	ressentir

é ec ef

ébahissement	ébauche	ébéniste	éblouissement
ébranler	ébranchement	ébrécher	ébullition
écaille	écarlate	écartement	écarté
ecce-homo	ecchymose [1]	ecclésiaste	ecclésiastique
échasse	échafaud	échange	échantillon
échauffaison	échauffourée	échelonner	écheniller
échelle	échiquier	écho [2]	échoppe
éclairage	éclaircir	éclectique	écliptique
éclisse	éclusier	éclipse	éclatant
écobuage	économique	écorce	écosseur
écoupe	écoutille	écouvillon	écouter
écran	écrémoire	écritoire	écrouelles
écu	écueil	écuelle	écumer
écumoire	écureuil	écusson	écuyer
Éden [3]	édifiant	édredon	éducation
effaroucher	effraction	effroyable	effrayant
effusion	effleurer	effervescence	efficace

[1] *Prononcez* éki. — [2] *Prononcez* éko. — [3] *Prononcez* édène

égarement	égayer	égalisation	églantier
églogue	église	égide	égoïsme
égorgeur	égosiller	égout	égouttoir
égrener	égrappage	égratigneur	égrugeoir
élagage	élancement	élargissure	élasticité
électricité	électriser	électeur	électoral
élégance	élégamment	éléphant	élémentaire
éloquence	éloignement	élixir	élysée
épagneul	épaisseur	épamprer	épanouir
épargner	épaulette	épellation	épervier
éphémère	éphéméride	épicarpe	épicerie
épierrer	épieu	épigramme	épiloguer
épinette	épinglette	épiphanie	épiscopat

é er es ex

épitaphe	épithalame	épluchage	épointer
épopée	épouvantail	épousseter	éponger
équarrissage	équateur [1]	équation [1]	équatorial [1]
équestre [2]	équilatéral [2]	équilatère [2]	équiangle [2]
équinoxe	équipage	équivalent	équivoque
érable	éraflure	érailler	ériger
ergot	errant	erreur	errata
éreinter	érection	érudition	érysipèle
escabeau	escadron	escalier	escamoter
escarmouche	escargot	escarole	escarpin
esclandre	esclave	escompte	escrime
escroquerie	espagnolette	espalier	espièglerie
estafette	estamper	estragon	esturgeon
esquif	esquinancie	essai	essaim
essayer	essence	essentiel	essieu
étai	étain	étau	éteignoir
établir	étagère	étamoir	étamer
étang	étançon	étampoir	étamper
étayer	étendu	éternel	éternuer
éther	éthériser	ethnographie	étêter
étiage	étincelle	étiquette	étoile

[1] *Prononcez* ékoua. — [2] *Prononcez* éku-estre, éku-i.

étonnement — étouffoir — étoupille — étourdissant
étranger — étrennes — étrécissement — étroitement
eux — eucharistie — euphonie — Europe
évacuer — évaluation — évangéliste — s'évanouir
éveiller — événement — éventail — éventuel
évidemment — évincer — s'évertuer — évocation
exact [1] — exaltation — examen — exarchat [3]
expatrier — expansion — expédient — expérience
exaspération — exaucer — exilé — exorbitant
excavation — excédant — exception — excessif
exorcisme — existant — exemption — exercice
excentrique — exclusif — excusable — excommunier
exhalaison — exhausser — exhibition — exhumation
expert — exploit — exportation — expiatoire
exigence — exiguïté — exeat [2] — exubérance
extrinsèque — extrémité — extravagance — extraire
extraction — extirper — extinction — extérieur
excepté — excroissance — exception — extraordinaire

é em en el

émail — émanation — émarger — émeraude
embarcadère — embarcation — embarrasser — embaumer
émérillon — émerveiller — émétique — émigration
embellissant — emblaver — embouchure — embrassement
éminence — émeutier — émissaire — émollient [4]
emmieller — emmanchure — emmagasiner — emménager
émolument — émondage — émouchet — émoustiller
empaillage — emballage — empeigne — empereur
emphatique — empirisme — emplette — emploi
empoisonner — empoissonner — empois — empointer
s'empresser — emprunter — empreinte — empierrer
encadrement — encaisser — encarter — encaustique
énigme — enivrant [5] — énigmatique — enivrement [5]
encens — enceinte — enchaîner — enchanter
énergie — énergique — énergumène — énerver
envahir — envelopper — envergure — environnant

[1] *Prononcez* te. — [2] *Prononcez* ate. — [3] *Prononcez* ka — [4] *Prononcez* lian.
[5] *Prononcez* an-ni.

énoncer	enorgueillir [1]	énormité	énumérer
entortiller	entrailles	entrain	entraînant
enchâsser	enchérir	enchevêtrure	enclin
enlaidir	enluminer	enrager	enrichir
enrouiller	enseigne	ensorceler	entablement
enclos	enclore	enclouer	enclume
entaille	entente	enthousiasme	entièrement
encolure	encourager	encrier	encuirasser
entomologie	entoilage	entonnoir	entorse
encyclopédie	endoctriner	endossement	endroit
enduire	endurcir	enfaîter	enfantillage
enfin	enflammer	enfoncer	enfouir
enfreindre	engager	engaîner	engelure
engloutir	engourdir	engrais	engrenage
enhardir	enharnacher	enjeu	enjoindre
ennéagone [2]	ennemi	ennoblir [3]	ennuyeux
elle	ellébore	elliptique	ellipse
eau	éolien	éolienne	éolique

EXERCICE SUR LES VERBES

j'entretiendrai	j'enverrai	j'enseignerai
que j'entretienne	que j'envoie	que j'enseigne
ils entretiennent	ils envoient	ils enseignent
ils exécutaient	ils exerçaient	ils existaient
n. exécuterions	n. exercerions	n. existerions
ils exterminèrent	ils exaucèrent	ils exhalèrent
v. escaladerez	v. esquisserez	v. escompterez
j'escaladerai	j'esquisserai	j'escompterai
que j'expiasse	que j'exécutasse	que j'exprimasse
ils expieront	ils exécuteront	ils exprimeront
ils expièrent	ils exécutèrent	ils exprimèrent
ils échauffent	ils échenillent	ils échafaudent
n. emménageons	n. emmagasinons	n. emmenons
ils examinaient	ils entendaient	ils enregistraient

[1] *Prononcez* an-nor. — [2] *Prononcez* ène-néa. — [3] *Prononcez* an-noblir.

HOMMES REMARQUABLES — NOMS PROPRES, ETC.

Esculape	Eschyle	Euripide	Euridice
Érasme	Érostrate	Épictète	Épicure
Épaminondas	Ésope	Énée	Eusèbe
Éole	Électre	Endymion	Égérie

NOMS EMPLOYÉS DANS L'HISTOIRE SAINTE ET L'HISTOIRE DE FRANCE

Ézéchias	Éléazar	Énos	Ézéchiel
Esdras	Eudes	Ébroïn	Évilmérodach
Éphraïm	Élie	Élisée	Éliacin

NOMS PROPRES

Edmond	Édouard	Edme	Édelmone
Edgard	Ernest	Ernestine	Elvire
Émile	Émilien	Émilienne	Émiline
Esther	Estelle	Évelina	Élisabeth
Éléonore	Élodie	Emma	Emmanuel
Eudoxie	Euphémie	Euphrasie	Eulalie
Euphrosine	Eustache	Eugène	Eugénie

GÉOGRAPHIE

Espagne	Essonne	Estramadure	Eszech
Édimbourg	Épernay	Étampes	Épinal
Erfurt	Erzeroum	Elbe	Elbeuf
Eu	Euphrate	Eure	Évreux
Europe	Ems	Eylau	Étretat
Entragues	Emmaüs	Éthiopie	Égypte
Éphèse	Ecbatane	Éleusis	Etna

ÉMILE

Émile S...., grand garçon de quatre à cinq ans, avait la sottise de s'effrayer dès que, par hasard, on le laissait s'endormir seul dans sa chambre. On avait cependant l'attention d'y placer une veilleuse; ce qui n'empêchait pas l'enfant de se retourner dans son lit aussitôt que l'on se retirait, de cacher sa tête sous les couvertures, et d'y retenir sa respiration; quand par hasard on rentrait dans la pièce, on le trouvait dans la position que je viens de décrire, et tout inondé de sueur froide. Quelquefois il finissait par s'endormir ainsi, et son imagination encore pleine des objets de terreur qu'il s'était créés lui-même, le livrait aussitôt à d'affreux cauchemars, qui, s'il était possible, ajoutaient encore à sa poltronnerie naturelle.

Sa maman fut quelque temps à s'apercevoir de cette fâcheuse habitude. Enfin, l'ayant une fois entendu sangloter vers le milieu de la nuit, le peu de soupçons qu'elle avait conçus à cet égard se trouvèrent confirmés dans son esprit. Elle se leva, vint trouver le petit dans son lit, et l'y voyant bien éveillé, lui demanda pourquoi il pleurait ainsi : « Pour rien, maman, répondit Émile respirant à peine. — Tu ne me feras pas accroire que l'on soit pour rien dans l'état où je te vois. — Maman !.... — Je devine ce que c'est : tu as peur. — Oui, maman. — Tu me diras du moins ce que tu crois avoir à craindre dans un appartement bien fermé, où l'on conserve de la lumière toute la nuit. — C'est que... c'est que j'ai vu une tête pointue. — Voilà qui est curieux ! et de quel côté, je te prie ? — Dans le coin là-bas. Ah, mon Dieu ! je la vois encore. — Ah, tu la vois ! eh bien ! viens la regarder de plus près. — Oh ! maman, maman, de grâce !!! — Tu as donc peur avec moi ? je suis pourtant de force à te défendre s'il y avait du danger; viens, viens ! »

La maman alors, malgré sa résistance, prit dans ses bras le petit poltron et le porta vers l'endroit qu'il avait indiqué. Il se serrait contre elle et jetait les hauts cris. Heureusement le trajet n'était pas considérable. Arrivée dans le redoutable recoin, elle eut beaucoup de peine à le décider à jeter les yeux sur la prétendue tête pointue. Il finit pourtant par regarder, et demeura bien surpris et bien honteux quand il vit qu'elle se composait du chapeau de son papa que madame S... avait accroché à un porte-manteau.

Quelques leçons de ce genre suffirent pour corriger Émile de sa poltronnerie. Si, dans les commencements, il n'osait pas encore aller tout seul examiner de près l'objet qui de loin l'avait effrayé, il appelait *bravement* sa mère ou quelqu'un de ses frères ou sœurs et se faisait accompagner jusque-là; mais bientôt il triompha de ce reste de faiblesse, et rien au monde ne fut capable de l'épouvanter.

L'ENFANT ET LE DOCTEUR

Un jeune enfant priait; un docteur de la ville
Lui dit, croyant l'embarrasser un peu:
« Je te donne une orange, à toi, qu'on dit habile,
» Si tu peux me dire en quel lieu
      » Est Dieu. »
L'enfant répond: Je vous en donne mille,
Si, pour me tirer d'embarras,
Vous me dites où Dieu n'est pas.

CHAPITRE III

I

___

RÈGLES PARTICULIÈRES A LA LETTRE I

im *se prononce* **ime** *devant un double* **m***, comme dans :*

immuable	immondice	immoler

im *se prononce* **ime** *à la fin des mots suivants :*

Ibrahim	Éphraïm	intérim

in *se prononce* **ine** *devant un double* **n** :

innover	innommer	inné

Mots en **ei**

baleine	veine	verveine	enseigne
peigne	teigne	éteignoir	seigle
haleine	sereine	peine	pleine

Mots en **ein**

feindre	éteindre	ceinture	teinture
peindre	teindre	peinture	enfreindre
atteindre	enceinte	reins	geindre

i *ne se prononce pas dans :*

encoignure	moignon	poignarder	poignée
besoigneux	poignard	poignet	douairière

il im ins ir is

iconoclaste	iconographe	icosaèdre	icosandrie
idéal	idéaliste	identique	idéologue
idiome	idiotisme	idolâtrie	idylle

igname [1]	igné [1]	ignition [1]	ignicole
ignoble	ignorance	ignominieux	ignominie
illégal	illégitime	illettré	illicite
illuminer	illusion	illustre	illusoire
imagerie	imaginaire	imitation	imitatif
imbécilité	imberbe	impair	impalpable
immatériel	immémorial	immensité	immersion
imparfait	impartial	impatience	impeccable
immeuble	immobile	immortel	imminent
impératrice	imperfection	impérialiste	imperméable
impersonnel	impertinent	impétuosité	implacable
impopulaire	importance	impossible	imprégnable
improviser	impulsion	imprévu	impraticable
imbroglio [2]	impromptu	immanquable [3]	immuable [3]
inabordable	inaccessible	inachevé	inadvertance
incalculable	incandescent	incarcérer	incendie
inadmissible	inamovible	inanition	inaperçu
incertain	incessant	incision	inclus
inaugurer	inattaquable	inébranlable	ineffaçable
incognito	incolore	incompétent	inconcevable
inégalité	inertie	inexact [4]	inexcusable
inconnu	inconstance	incorrect	incroyable
inexorable	inextinguible	inextricable	initial
incrustation	indélébile	indestructible	index [5]
inhabile	inhalation	inhérent	inhumain
indigestion	indigotier	indirect [4]	indiscret
inédit	inefficace	inexpérience	inexplosible
industriel	infaillible	inférieur	infirmier
innocent	innavigable	innombrable	innovateur
influence	infraction	infructueux	ingénieur
inondation	inoffensif	inouï	inopportun
ingrédient	inquiet	insatiable	insidieux
indemnité [6]	indienne	indigène	indestructible
insolvable	insouciance	insistance	insolence
individuel	indissoluble	induire	indomptable

[1] Prononcez ig *toute la ligne. —* [2] *Prononcez* brolio. *—* [3] *Prononcez* ime. —
[4] Prononcez te. *—* [5] *Prononcez* dèxe. *—* [6] *Prononcez* dame.

inspecteur	instamment	instigation	instinctif
insomnie	insuccès	insurmontable	insulaire
institution	instruction	instrument	instruit
intégral	intellectuel	intempérie	intensité
intercaler	intercession	interdit	interjection
interlocuteur	intermittence	interrogation	intersection
intestin	intraitable	intransitif	intrinsèque
introït	intuition	invective	inverse
invincible	inviolable	involontaire	invoquer
in-dix-huit [1]	in-douze	in-folio	in-quarto
in-octavo [2]	in-partibus	in-pace	in-globo
iodure	ionien	iota	ionique
irascible	iris	ironie	iroquois
irraisonnable	irrationnel	irrégulier	irréfragable
irrépréhensible	irrésistible	irrévocable	irruption
isochrone	isolement	isopode	isogone
islamisme	Israélite	isthme [3]	issue
italique	itinéraire	ivraie	ivoire
ipécacuanha	ivrogne	ivrognerie	if

NOMS PROPRES, ETC.

Irène	Irénée	Irma	Ismérie
Isabelle	Isabeau	Isidore	Ignace
Iphigénie	Isaure (Clém.)	Ildefonse	Ivan
Ismaël	Isboseth	Idoménée	Icare

MOTS EMPLOYÉS DANS LA GÉOGRAPHIE

Issengeaux	Issoire	Issoudun	Istrie
Irkoutsk	Irlande	Illyrie	Idumée
Iassy	Iéna	Iviça	Ivry
Inspruck	Indes	Indoustan	Indrapoura
Ispahan	Idria	Ipswich	Ibérie

[1] *Prononcez* ain *toute la ligne.* — [2] *Prononcez* ine *toute la ligne.* — [3] *Prononcez* isme.

EXERCICE SUR LES VERBES

ils immolent	ils inclinent	ils inondent
ils immolaient	ils inclinaient	ils inondaient
ils immolèrent	ils inclinèrent	ils inondèrent
j'immolerai	j'inclinerai	j'inonderai
ils irriteront	ils initieront	ils illustreront
v. irriterez	v. initierez	v. illustrerez
v. irriteriez	v. initieriez	v. illustreriez
n. inscrivîmes	n. instruisîmes	n. installâmes
j'inscrivis	j'instruisis	j'installai
ils inventent	ils inaugurent	ils incarcèrent
ils illumineront	ils implanteront	ils imprimeront
ils insinuent	ils instituent	ils interceptent
q. j'interrogeasse	q. j'intervinsse	q. j'invoquasse

ISIDORE

Il y avait un enfant tout petit, car, s'il avait été plus grand, j'ose croire qu'il eût été plus sage. Sa maman l'envoya un jour à l'école. Le temps était fort beau : le soleil brillait sans nuages, et les oiseaux chantaient sur les buissons. Le petit garçon aurait mieux aimé courir dans les champs, que d'aller se renfermer avec ses livres. Il demanda à la jeune fille qui le conduisait, si elle voulait jouer avec lui, mais elle lui répondit : Mon ami, j'ai autre chose à faire que de jouer. Lorsque je vous aurai conduit à l'école, il faudra que j'aille à l'autre bout du village chercher de la laine à filer pour ma mère ; autrement elle resterait sans travailler, et elle n'aurait pas d'argent pour acheter du pain. Un moment après, il vit une abeille qui voltigeait d'une fleur à l'autre. Il dit à la jeune fille : J'aurais bien envie d'aller jouer avec l'abeille. Mais elle lui répondit que l'abeille avait autre chose à faire que de jouer ; qu'elle était occupée à voler de fleur en fleur pour y ramasser de quoi faire son miel ; et l'abeille s'en retourna vers sa ruche.

Le petit garçon continua son chemin, et vit au pied d'une haie un petit oiseau qui sautillait légèrement. « Le voilà qui joue tout seul, dit-il, il sera peut-être bien aise que j'aille jouer avec lui. » Oh ! pour cela, non, répondit la jeune fille ; cet oiseau a bien autre chose à faire que de jouer. Il faut qu'il ramasse de tous côtés de la paille, de la laine et de la mousse pour construire son nid. En effet, au même instant, l'oiseau s'envola, tenant dans son bec un grand brin de paille qu'il venait de trouver, et il alla se percher sur un grand arbre, où il avait commencé à bâtir son nid dans le feuillage. Enfin le petit garçon rencontra un cheval au bord d'une prairie. Il voulut aller jouer avec lui ; mais il vint un laboureur qui emmena le cheval, en disant au petit garçon : « Mon cheval a bien autre chose à faire que de jouer avec vous, mon enfant, il faut qu'il vienne m'aider à labourer mes terres ; autrement le blé ne pourrait pas y venir, et nous n'aurions pas de pain. » Alors le petit garçon se mit à réfléchir, et se dit bientôt à lui même : «Tout ce que je viens de voir a autre chose à faire que de jouer ; il faut bien que j'aie aussi à faire quelque chose de mieux. Je vais aller tout droit à l'école, et apprendre mes leçons. »

Il alla donc à l'école, apprit ses leçons à merveille, et reçut les louanges de son maître. Ce n'est pas tout : son papa, qui en fut instruit, lui donna le lendemain une récompense pour avoir eu tant d'application.

Je vous demande à présent si le petit garçon fut bien aise de n'avoir pas perdu son temps à jouer.

Dieu veut que chacun travaille suivant ses forces et sa condition.

Berquin.

N'aimez point le plaisir avec un fol excès,
Et que l'amour du jeu jamais ne vous emporte :
Que l'ardeur du travail soit chez vous la plus forte.
Le devoir avant tout, et le plaisir après.

CHAPITRE IV

O

La lettre **o** *ne se prononce pas dans les mots suivants :*

paon	(pan)	faon	(fan)
paonne	(pane)	Laon	(Lan)

ob   oc   of   om   op   or   os   ot   of   ou   our

obédience	obéissance	obligatoire	obliquement
objectif	obscur	observatoire	obséquieux [1]
obélisque	oblong	obus [2]	obèse
obsession	obstination	obtus	observance
océan	ocre	oculiste	oculaire
occasion	occidental	occurrent	octogone
Odéon	odieux	odontalgie	odoriférant
Odyssée	offrande	ogival	ogre
offensif	offertoire	officiel	offusquer
oligarchie	olivâtre	olographe	olympien
oméga	omelette	omnibus	omnipotence
ombellifère	ombrelle	onzième	onction
onagre	onéreux	onyx	onomatopée
oncle	onguent	onglet	ondoiement
opération	opiacé	opiniâtreté	opuscule
ophite	ophicléide	ophidien	ophthalmie
opportun	opticien	optimiste	opprobre
oracle	oraison	orangeade	oratoire
orchestre [3]	orchidées [3]	orfèvre	orfraie
oriental	oriflamme	originaire	oreiller
organisme	orgueilleux	ornithologie	orphelin
orthodoxe	orthographe	orthopédie	ortolan

[1] Prononcez kui-eux. — *[2] Prononcez* buze. — *[3] Prononcez* kes. — ki.

os [1]	oseille	oseraie	osier
oscillatoire	osselet	ostensible	ossuaire
ottoman	ovation	ovaire	ovipare
oxyde	oxygène	oxydable	oxydulé
oie	oignon	oint	oisillon
œcuménique	œsophage	œil	œufs [2]
ouvrier	ouvroir	outil	outrance
outrageant	outremer	ouverture	outrecuidance
ourdir	ourler	ours [3]	oursin
ouailles	ouate [4]	ouest	ouïe
ouais	ouf	oui	oasis

GRANDS HOMMES

Oberkampf	O'Connell	Odin	Œdipe
Oreste	Origène	Orphée	Orsini
Ovide	Osiris	Ozanam	Ossian
Onias	Osée	Osias	Ochosias
Onésime	Olympe	Olivier	Odile
Oscar	Othon	Octavie	Ophélia

GÉOGRAPHIE

Orange	Orenbourg	Orbitello	Orcades
Oberkausen	Oldenbourg	Olmutz	Orléans
Orthez	Ostende	Odessa	Oxford
Ouessant	Oissel	Ossun	Origny

EXERCICE SUR LES VERBES

ils obéissent	ils objectent	ils obscurcissent
ils obéiraient	ils objecteraient	ils obscurciraient
j'octroyais	j'offensais	j'offrais
n. octroyâmes	n. offensâmes	n. offrîmes
j'ordonnerai	j'oublierai	j'oscillerai
v. ordonnâtes	v. oubliâtes	v. oscillâtes
ils s'opiniâtrèrent	ils oppressèrent	ils organisèrent
ils ombrageaient	ils osaient	ils opéraient

[1] *Prononcez* o. — [2] *Prononcez* eu; *au singulier on dit* eufe. — [3] *Prononcez* our. — [4] *Prononcez* ouète.

OCTAVE

— Vous n'aurez plus rien, monsieur, disait une bonne au fils de ses maîtres. Voilà la quatrième fois que je vous donne des confitures et du pain ; si vous y revenez encore, je vous refuserai tout net, je vous en avertis.

Octave ne répondit point : il s'éloigna et reparut bientôt les mains vides. Cette fois, sans rien demander à sa bonne, il alla prendre ses joujoux, se retira, et on ne l'entendit plus. Cependant la bonne, qui le guettait du coin de l'œil, remarqua qu'il ne jouait pas avec autant d'action qu'à l'ordinaire, et qu'il portait de temps en temps sa main sur sa poitrine, comme s'il eût senti quelque souffrance intérieure. Elle s'approcha de lui, pour savoir ce qu'il avait.

— Je souffre de l'estomac, répondit l'enfant.

— Voilà, monsieur, ce que c'est que de manger au delà de ses besoins.

— Tout au contraire, ma bonne, je vous assure que j'ai grand'faim.

— Grand faim ! après avoir mangé quatre grosses tartines !

— Je vous proteste que je n'en puis plus de besoin.

— Eh bien ! nous allons voir cela, monsieur ; je vais vous donner un cinquième morceau, aussi fort que les premiers ; mais, si vous avez faim comme vous le dites, vous pouvez bien le manger tout sec. Le voilà.

L'enfant prit le pain et se remit gaiement à jouer en le grignotant avec tant d'appétit qu'il n'en resta bientôt pas une seule miette. Après qu'il eut fini :

— Maintenant, dit-il à sa bonne, je suis rassasié ; j'espère que demain vous ne me refuserez pas ce qu'il me faut : quatre tartines de confitures et un cinquième morceau tout sec, *pour mon dessert.*

Il dit ces derniers mots si singulièrement, que sa bonne en conçut quelques soupçons ; elle les communiqua à ses maîtres, qui lui ordonnèrent de donner encore cette fois à leur fils tout le pain qu'il demanderait; seulement on se promit de l'observer, sans qu'il pût s'en apercevoir, tant que durerait son déjeûner. En effet, dès qu'il eut bien dévotement fait ses prières, il vint demander à sa bonne une tartine, avec laquelle il sortit de la maison. Il répéta quatre fois le même manége; mais à la quatrième, sa mère, qui le suivait, le vit entrer dans une maison de chétive apparence, et donner sa dernière tartine à quatre enfants qui y habitaient avec leur père une espèce d'écurie. Elle ne lui dit rien alors, et se hâta de retourner à la maison avant lui; de sorte qu'elle était présente quand le petit vint d'un air moitié riant, moitié contraint, réclamer son dessert.

— Tu l'auras, s'écria la mère enchantée, et meilleur que celui d'hier, car je sais maintenant l'heureux emploi que tu fais de tes nombreuses tartines! Viens, mon fils, que je t'embrasse! Ton adroite bienfaisance ajoute à l'affection que tu m'inspirais; je veux dorénavant te fournir les provisions nécessaires pour la subsistance de tes petits protégés.

Octave, enchanté, remercia sa mère; et désormais il n'eut plus besoin de feindre de l'appétit pour faire une bonne action.

A quoi vous servirait d'avoir de la richesse,
Si ce n'était, enfants, pour aider le prochain ?
Logés, vêtus, nourris avec délicatesse,
Songez combien de gens n'ont pas même de pain !

Ne dites jamais : A demain,
Pour adoucir une blessure;
Donnez aux pauvres du chemin,
Donnez sans compter : Dieu mesure.

CHAPITRE V

U

___

RÈGLES PARTICULIÈRES A LA LETTRE Ü

um *se prononce* **ome** *dans :*

album	calcium	décorum	palladium
opium	capharnaüm	duumvirat	rhum
critérium	post-scriptum	factum	maximum
compendium	pensum	factorum	minimum
caséum	potassium	laudanum	médium
ultimatum	oïdium	géranium	muséum

Mots en **un :**

commun	chacun	nerprun	Autun
falun	brun	défunte	Issoudun
alun	quelqu'un	Loudun	Meung.
lundi	parfum	Melun	Verdun

ul   ur

ulcère	ultérieur	ultra	ultramontain
unanime	uniflore	uniforme	unipersonnel
unité	unisson	univalve	universel
urbanité	urgent	urne	ursuline
usage	usance	usine	usurier
usufruitier	usurpation	utricule	utopie
ubiquité	ukase	uléma	ustensile

___

NOMS PROPRES

Ugolin	Ulysse	Ulric	Uranus
Urbain	Ursins (Des)	d'Urville	Ursule

GÉOGRAPHIE

Ussel	Usson	Uzerche	Uzès
Uruguay	Urba	Uleaborg	Ukraine
Ulm	Utrecht	Unkel	Utrera

URSULE

— Ce n'est pas moi, parole d'honneur! disait à Uranie la fille de Mme Urbain, au moment où cette dame entrait, par hasard, dans la pièce qu'elle avait assignée pour leur récréation.

— Voilà, dit-elle, ma chère Ursule, une affirmation bien positive; il faut qu'il s'agisse entre vous d'une affaire très-grave, ou que Mlle Uranie soit furieusement incrédule, pour que tu te trouves réduite à employer de telles expressions.

— Ni l'un ni l'autre, maman; il était question d'une ceinture de poupée qu'Uranie ne retrouve point, et je lui donnais *ma parole d'honneur* que ce n'était pas moi qui l'avais égarée.

— Comment! tu donnes ta parole pour si peu de chose?

— Oh! maman, c'est une habitude que nous avons toutes à la classe; il ne s'y dit pas une parole qui ne soit assaisonnée d'une *parole d'honneur* bien prononcée.

— Tant pis, ma fille, tant pis! mettre si légèrement en avant sa parole d'honneur, c'est avouer que l'on ne mérite pas la confiance des gens à qui l'on a affaire.

— Je vous assure, maman, que je n'ai pas perdu cette ceinture.

— Je vous assure, ma fille, que l'on aurait pu tout aussi bien vous croire sans les deux mots qui sont le texte de cet entretien. Un *oui* et un *non* suffisent entre honnêtes gens; tout cet attirail de serments n'est propre qu'à en diminuer l'importance dans l'esprit même de ceux qui les emploient; et, de les prodiguer à les enfreindre, il n'est qu'un pas.

— Vous le croyez, maman?

— J'en suis certaine.

— Eh bien, soyez-le aussi que cela ne m'arrivera plus... J'allais, par un reste d'habitude, dire ma parole d'honneur! mais si ces mots s'offrent encore à mon idée, du moins ils ne passeront plus mes lèvres; je tiens trop à votre confiance, pour m'exposer de gaieté de cœur à la perdre.

Effectivement, à dater de ce jour, Ursule ne donna plus sa parole d'honneur, surtout pour des objets aussi peu importants que ceux dont les enfants s'occupent d'ordinaire; elle fit mieux, elle transmit à ses petites compagnes la leçon utile qu'elle avait reçue de sa maman, et s'acquit le mérite d'avoir détruit en elles une mauvaise habitude.

ULRIC

Il est encore un défaut, mes petits amis, contre lequel je veux vous prémunir; c'est celui d'exagérer dans la conversation, de *broder* une anecdote, une aventure, une histoire, afin que ce que l'on dit soit plus amusant; c'est, je vous le répète, un bien grand défaut. Souvent il peut en résulter des inconvénients et quelquefois de grands ridicules pour les personnes qui ont contracté cette mauvaise habitude. Je vais vous rapporter, à ce sujet, une histoire que j'ai lue il y a quelques années.

Un jour, deux jeunes gens, nommés Ulric et Ulysse, allèrent se promener. Dans leur promenade, ils rencontrèrent un jardin potager dans lequel ils virent d'énormes choux. Ulysse dit à son camarade :

— Regarde ces choux; ils sont magnifiques; je n'en ai jamais vu d'aussi beaux!

— Comment! dit Ulric, tu trouves que ces choux-là sont beaux; tu n'as donc encore rien vu? En faisant mon tour de

France, j'en ai rencontré un qui, sans mentir, était aussi gros que la maison que nous voyons là-bas.

— Ce n'est pas peu dire, repartit Ulysse; pourtant je ne saurais m'en étonner, car je me rappelle avoir travaillé à un chaudron (il était chaudronnier) aussi grand que l'église.

— Grand comme l'église! Tu plaisantes; et que voulait-on en faire?

— On voulait y faire cuire ton chou, répondit Ulysse.

A ces mots, Ulysse baissa la tête et rougit beaucoup; il dit à son ami :

— Je comprends la leçon que tu viens de me donner; je t'en remercie, et je tâcherai de la mettre à profit.

Il tint parole; et depuis cette époque on n'eut pas à lui reprocher la moindre exagération dans ses discours.

CHAPITRE VI

B

bar bra brai bran bal bla blan blai

barbacane	barbarie	barbaresque	barbarisme
barége	baril	barioler	baryton
barbouilleur	barbillon	barquette	barcelonnette
barométrique	baragouin	baronnet	baroque
barrage	barreau	barricade	barrière
bracelet	braconnier	bravade	bravoure
bras	braser	brasier	brasiller
brassage	brasser	brassière	brasserie
brancard	branchage	branchies	brandebourg
braiment	braise	braisier	braisière
braillement	brailleur	brailler	brailleuse

balsamique [1]	balsamine [1]	ballon	ballotage
balafre	balancier	baladin	balançoire
balcon	balbutier	baldaquin	balbutiement
blafard	blâmable	blatier	blague
blasphème	blasphémer	blaser	blason
blaireau	blâmer	blanchir	blanchisseur
blanchissage	blanchâtre	blanquette	blanc-seing
bambin	bambocheur	bambou	banquet
bandit	banni	bandeau	banneau
bancal	bandage	bandelette	bandoulière
banal	banalité	bananier	banane
banderole	banlieue	banquier	banqueroute
banne	bannière	bannissable	banneret

bac bas bai bau

Babel	babil	babillard	babiole
baccalauréat	bacchanale [2]	bachelier	bachot
badaud	badigeon	badinage	badinerie
bafouer	bâfrer	bagne	bague
bagage	bagatelle	baguette	bagarre
bah !	bahut	bahutier	bajoue
balayage	balayures	balivage	baliverne
baptême	baptiser	baptistère	baptismal [3]
basaltique	basane	basilic	bas-relief
bassin	bassesse	bassiner	bassinoire
bastonnade [4]	bascule	bastille	bastingage
bataillon	batelier	bâtiment	bâtonnier
battage	battoir	batterie	bateleur
bavardage	bavolet	bavette	bavaroise
bayadère [5]	bayer [6]	bayeur	bazar
baie	bain	baigneur	baignoire
bail	bâillement	bailliage	bâillon
baisse	baissière	baisser	baïonnette
baudet	baume	baudrier	bauge

[1] *Prononcez* za. — [2] *Prononcez* ka. — [3] *Prononcez* bap-tis-mal. — [4] *Prononcez* basse. — [5] *Prononcez* ba-ia. — [6] *Prononcez* bé-ier.

bro bor bron brou bol blo blou blon boi bou bour

brocanteur	brodequin	brochet	brocart
bordure	borgnesse	bordereau	bornoyer
bronchite	bronchial	bronze	bronzer
brouhaha	brouette	brouetteur	brouettée
brouillon	brouillonner	broussailles	broutilles
broie	broiement	brouillard	brouille
bloc	blocaille	blocus [1]	blocage
blond	blondin	blouse	blouser
bombance	bombarde	bombardier	bombement
bonasse	bonnement	bonhomie	bonification
bonbonnière	bonneterie	bonsoir	bonheur
bobèche	bocage	bocal	borax
bossage	bosselage	bossuer	bossette
bosquet	boston	Bosphore	bosseler
botanique	bottine	bottelage	botanophile
boxe	boxeur	boyau	boyaudier
bohémien	bohémienne	boiser	boiserie
boissellerie	boisselier	boisson	boisseau
bouc	boucher	bouchon	boucler
bouc	bouée	boueur	boueux
bouclier	boudoir	bougeoir	bougran
bouffonnerie	bouffissure	bouffette	bouffant
boulanger	boulingrin	bouquetier	bouquiniste
bourbier	bourbeux	boursouflure	bourdonner
bourg [2]	bourgeois	bourgeonner	bourgmestre [3]
bourrade	bourrasque	bourriquet	bourrelier
boutade	bouteille	boutiquier	boutonnière
bouvier	bouvreuil	bouture	boute-selle
bousier	boussole	bousillage	bousculer

bre bre breu bel bleu beau beu

bercer	berceuse	bercail	berceau
brebis	brèche	bref	bredouiller
berger	bergeronnette	berlingot	berner

[1] *Prononcez* cuce. — [2] *Prononcez* bourk.. — [3] *Prononcez* bourgue.

brelan	breloque	brève	bretelle
brevet	breveter	bréviaire	breuvage.
belle	bellement	belligérant	belliqueux
blé	blessant	blessure	blette
belladone	belvédère	Belzébuth	belliquée
bleu	bleuâtre	bleuir	bleuissant
bec	bécasse	bécassine	becfigue
êche	becquée	becqueter	becquée
bedeau	bédouin	beffroi	bégaiement
bègue	bégueule	béguin	beignet
bêlement	bêler	belette	bélier
bémol	bénéfice	bénédicité	bénédiction
benjoin	Benjamin	bengali	Bengale
bénéficiaire	bénévole	bénitier	bénignité
béquet	béquille	besaigre	besicles
besoin	besogne	bestial	bestiaux
bétail	betterave	bévue	bey
béant	béat[1]	béatifier	béatitude
beau	beaucoup	beaupré	beauté
beugler	beuglement	beurre	beurrier

bil bli bin bien bri brin

bilboquet	billevesée	billion[2]	billon[3]
billonner	billet	billard	billot
bibliothèque	bibliographie	bibliothécaire	bibliomane
bicéphale	bicoque	biffage	bifteck
bifurcation	bigarreau	bigarrure	bigorne
bijoutier	bijouterie	binage	binocle
bipède	bipédal	bique	biquet
bisaïeul	bisannuel	bison	biseau
biscaïen	biscornu	biscuit	bissextil
biset	bise	bis-blanc	bisaiguë
bismuth	bissac	bistouri	bistre

[1] *Prononcez* béa. — [2] *Prononcez* bi-lion. — [3] *Prononcez* bi-ion

bituminage	bivouac	bizarrerie	bivalve
biaiser	biaisement	bière	biez
bien	bienfaisance	bienheureux	bienveillance
biographe	biographique	biologie	biométric
bimbelot	bimbeloterie	bimbelotier	bimbelotière
bienvenue	bienséance	bientôt	bienfaitrice
bribe	bric-à-brac	brick	bricole
bridon	brief	brigade	brigand
brigantin	brigue	brigueur	brigadier
briquetage	brillamment	brise	briquet
brioche	brin	brindille	brimborion

blu bul bru bur brui

bluet	bluette	bluteau	bluterie
bulbe	bulbeux	bulbille	bulbiforme
brûlant	brûler	brûlot	brûlure
brumaire	brumeux	brunir	brunâtre
brutalité	brusquerie	bruyère	bruyamment
burlesque	burnous	burgrave	burgraviat
brun	bruine	bruit	bruire
burette	Bucéphale	bûcheron	bucolique
budget	buffet	buffle	buffleterie
bulletin	buraliste	bureaucratie	buvard
busc	buse	buste	busquer
buée	buanderie	buis	buissonnière
biez [1]	bill [2]	bœuf [3]	bœufs [4]

HOMMES REMARQUABLES OU CONNUS DANS L'HISTOIRE
ET LA MYTHOLOGIE

Bayle	Balzac	Bayard	Jean Bart
Bonaparte	Bourdaloue	Bossuet	Boileau
Boïeldieu	Bougainville	Buffon	Byron
Bernadotte	Bertrand	Béranger	Beauharnais
Blücher	Brunehaut	Bélisaire	Bacon
Barnave	Belsunce	Bajazet	Bérénice
Bacchus	Brennus	Brutus	Britannicus

[1] *Prononcez* bié. — [2] *Prononcez* bile. — [3] *Prononcez* beufe. — [4] *Prononcez* beu.
On dit aussi : beu-gras.

HISTOIRE DE L'ÉGLISE, HISTOIRE SAINTE

Saint Benoît	St Bonaventure	Saint Barnabé	Saint Bernard
Balthasar	Bethsabée	Booz	Baruch
Barabas	Balaam	Baal	Baasa
Béthulie	Béthel	Béthanie	Bethléem
Babylone	Bithynie	Béotie	Bethsaïde

GÉOGRAPHIE

Bagnères	Bagdad	Badajoz	Batavia
Bastia	Boston	Bosnie	Bosna-Séraï
Bayeux	Bayonne	Baléares	Bavière
Braga	Bragance	Brives	Bruxelles
Barcelone	Barfleur	Barbezieux	Barbançon
Baltimore	Belfort	Belgrade	Belleville
Blaye	Blois	Blamont	Blanquefort
Boulogne	Bourg	Bologne	Bordeaux
Berlin	Bergerac	Bercy	Berne
Brest	Briançon	Bristol	Breslau
Brienne-ville	Brienne	Brétigny	Bouvines
Beaucaire	Beauvais	Beaumont	Beaugency
Bankok	Bambouk	Bombay	Bonneval
Bucharest	Buénos-Ayres	Burgos	Bude
Besançon	Béziers	Beira	Bédarieux
Bautzen	Brunswick	Boukhara	Birmingham

PRÉNOMS

Baptiste	Bathilde	Barthélemy	Basile
Béatrix	Berthe	Berthilde	Blanche

BAPTISTE

Baptiste était le fils de bons et honnêtes ouvriers qui, ayant une nombreuse famille, ne gagnaient tout juste que ce qu'il fallait pour la nourriture de chaque jour.

Cependant la mère de Baptiste, qui avait remarqué les bonnes qualités de son fils, l'aimait encore plus que ses autres enfants. Ne pouvant donc se résoudre à lui voir emporter du pain sec à l'école, tandis que ses frères et sœurs, qui restaient à la maison, mangeaient de la bonne soupe, elle lui donnait deux sous chaque matin pour acheter des cerises ou d'autres fruits. L'enfant était économe : il ne dépensait point cet argent, l'amassait sans rien dire, pensant bien qu'un jour il trouverait l'occasion de l'employer plus utilement.

Pendant un mois, Baptiste mit ainsi sous sur sous. Tout à coup, la maman cessa de donner les deux sous à son fils le matin, puis on ne mangea plus de viande au dîner. Cela dura trois semaines, sans que Baptiste osât faire de questions. Enfin, un dimanche matin, il s'aperçut que sa mère avait du chagrin, parce qu'au lieu de s'occuper des enfants et de son ménage comme d'habitude, elle laissait tout à l'abandon et pleurait dans un coin de la chambre.

La pauvre femme était bien en peine : il y avait trois semaines que le maître maçon pour lequel travaillait son mari avait réuni ses ouvriers pour leur dire qu'il ne pouvait plus les payer aussi exactement que par le passé ; que ceux qui voudraient partager sa mauvaise fortune ne perdraient rien pour attendre et lui rendraient un grand service, mais qu'il les laissait libres de le quitter s'ils le voulaient.

Le maître maçon, homme excellent, s'était toujours montré secourable pour ses ouvriers ; aussi ceux qui lui avaient des obligations restèrent avec lui, préférant endurer une gêne momentanée que de ruiner leur bienfaiteur en le forçant d'interrompre ses travaux. Le père de Baptiste était de ce nombre. Comme il n'y avait point d'argent en réserve, ni à la maison, ni à la caisse d'épargne où les ouvriers mettent leurs économies, les ressources de la pauvre famille furent bientôt épuisées. Pendant ces trois semaines, on avait vécu de peu, pris du pain à crédit ; mais le boulanger, voyant la gêne de cette famille se prolonger, craignant de n'être pas payé, signifia la veille qu'il ne donnerait plus de pain sans argent ; si bien que ce dimanche où Baptiste remarqua le chagrin de sa mère, il n'y avait plus de pain à la maison et plus un sou pour en acheter.

Les enfants étaient inquiets de ne point voir préparer le déjeûner. Le père, qui déjà la veille s'était retranché un repas pour laisser un peu plus de pain à sa famille, souffrait de la faim ; il tremblait de la fièvre. La pauvre mère, ne pouvant supporter ce triste spectacle, avait couvert sa tête avec son tablier, afin de pleurer à son aise.

Baptiste, soupçonnant alors la cause du chagrin de sa mère, s'approcha d'elle et lui dit tout bas :

— Si tu avais trois francs, serais-tu contente ?

— Oh ! sans doute. Mais qui me les donnera ces trois francs ?

— Moi, maman. Au lieu d'acheter des fruits avec l'argent que tu me donnais le matin, j'ai mangé mon pain sec à déjeûner. Voilà les soixante sous que j'ai amassés, dans l'idée qu'un jour ils pourraient te manquer.

Je vous laisse à penser si la mère de Baptiste se trouva heureuse en voyant la subsistance de sa famille assurée pour plus d'un jour, et si elle rendit grâces à Dieu de lui avoir donné un fils économe. Le lendemain, le maître maçon, non-seulement paya tout ce qu'il devait à ses ouvriers, mais il accorda une récompense à ceux qui avaient souffert plutôt que de l'abandonner.

C'est ainsi, mes enfants, qu'avec de l'ordre et en se bornant au strict nécessaire, on peut, si pauvre que l'on soit, se ménager une ressource pour un cas imprévu.

(Les petits garçons d'après nature).

On n'est riche jamais que par l'économie.
Il faut avoir de l'ordre et compter avec soi.
Le sage qui suivra constamment cette loi
Rendra de plus en plus sa fortune affermie.

Sur quelque espoir qu'un jour ta fortune se fonde,
Sois prudent, économe, et crains de t'endetter :
Une première dette en cause une seconde;
On se ruine enfin à force d'emprunter.

BERNARDIN DE SAINT-PIERRE

Je veux, avant de quitter la lettre *B*, vous raconter, mes enfants, une anecdote que j'ai lue sur Bernardin de Saint-Pierre.

Ce célèbre écrivain naquit au Havre en 1737. Sa jeunesse fut très-aventureuse. A douze ans, il s'embarqua avec un de ses oncles pour la Martinique; plus tard, il visita l'Allemagne, la Russie, erra par toute l'Europe, traversa les mers, toujours à la poursuite de la gloire, de la fortune et du bonheur!

Lorsque vous serez grands, vous pourrez lire quelques-uns de ses ouvrages avec plaisir : ses écrits font aimer la vertu et donnent au cœur de saines et douces pensées. Il est peut-être un des écrivains qui ont le mieux peint la nature; on ne lui reproche que des opinions hasardées, et pas assez de connaissances positives pour traiter cette matière. Mais revenons à notre histoire.

Le petit Bernardin, bien jeune, bien jeune, savait lire parfaitement; il n'était pas paresseux comme beaucoup d'enfants que je pourrais nommer. Il y avait chez son père une servante, nommée Marie Talbot, très-douce, très-pieuse, qui lui parlait souvent de Dieu et des saints, qui sont les amis du bon Dieu. Un jour, Bernardin trouve sur la table de sa mère un livre intitulé : *Vie des Saints;* il l'ouvre, et lit avec beaucoup d'attention un grand nombre d'histoires. (Je ne vous dis pas qu'il fît bien; car un enfant raisonnable ne doit jamais prendre un livre sans le montrer à sa mère.) Une histoire qui le frappa le plus fut celle d'un saint qui, jeune encore, quitta le monde pour vivre dans un désert et ne s'occuper que de Dieu seul. A cette lecture, Bernardin prend une grande et belle résolution : il veut, lui aussi, vivre dans la solitude. Il sort aussitôt de l'appartement, va dans le jardin de son père, choisit un bosquet dans l'endroit le plus reculé, se construit une espèce de grotte avec quelques branches d'arbre et de la mousse, puis se met en prières, bien décidé à ne plus jamais sortir de sa retraite. Tout va bien pendant une heure; mais au bout de ce temps la faim se fait sentir, et notre petit ermite est très-déconcerté. Heureusement il se rappelle alors avoir lu dans l'Histoire sainte que le prophète Élie avait été nourri longtemps par un corbeau qui lui apportait régulièrement sa nourriture. Cette pensée le console; il se remet en prière, non sans avoir quelques distractions, car au moindre bruit d'un insecte bourdonnant ou d'une feuille agitée par le vent, il tendait instinctivement la main pour recevoir son dîner. On dit même, je n'ose l'affirmer, que plusieurs fois il fit quelques pas en avant pour aller cueillir de superbes poires qui se trouvaient près de lui; mais il ne succomba point à la tentation....

Cependant ses parents, inquiets d'une aussi longue absence, commencent à se préoccuper. La bonne gouvernante surtout n'y tient plus; elle visite tous les coins et recoins de la maison, descend au jardin, appelle, cherche, et finit enfin par découvrir le petit anachorète dans sa solitude. Elle le voit en prières, et lui demande ce qu'il fait en ce lieu. « Ma bonne, lui répond l'ermite, tu m'as parlé souvent des saints, moi-même j'ai lu une histoire qui m'a bien touché; j'ai voulu faire comme eux, vivre dans un désert, voilà pourquoi tu me trouves dans cette grotte. » A ces mots, la gouvernante ne peut s'empêcher de sourire; mais prenant aussitôt un air sérieux, et faisant son possible pour paraître très-fâchée, elle lui dit : « Vous êtes, monsieur, un bien vilain enfant, vous nous avez tous mis dans une grande inquiétude. Sachez que le bon Dieu n'aime pas les petits saints qui ne demandent point de permission à leurs parents avant de s'absenter. La première fois que pareille chose vous arrivera, on vous donnera le fouet. » Bernardin promit de ne plus recommencer; il s'en alla dîner aussitôt, mangea de grand appétit, et ne pensa plus à se faire ermite.

CHAPITRE VII

c

RÈGLES PARTICULIÈRES A LA LETTRE C

1° Devant e, é, è, i, y, la lettre c se prononce s. — Ex: ce-ci, se-si. Il en est de même lorsque c a une cédille. — Ex: maçon, mason.

2° Lorsque dans un mot il se rencontre deux c placés l'un à côté de l'autre et qu'ils sont suivis de e, é, è, i, y, on les divise, c'est-à-dire qu'on les prononce tous les deux. — Ex: accès, accident.

3° c se prononce g dans second, secondement.

c se prononce à la fin des mots suivants:

arc	aqueduc	estoc	alambic
parc	ombilic	médoc	arsenic
musc	bec	cognac	basilic
busc	stuc	ammoniac	échec
fisc	donc	hamac	syndic
Marc	froc	trictrac	porc-épic

c est nul à la fin des mots suivants:

croc	cotignac	tabac	caoutchouc
accroc	estomac	cric	échecs (jeu)
broc	marc	porc	

ca cau cai

cabale	caban	cabaret	cabestan
cacaoyer [1]	cachemire	cachot	cacheter
cadastre	cadeau	cadran	caduc
caféier	cafetier	cafarderie	cafetan
cage	cagnardise	cagneux	cagoterie
cahier	cahot	cahute	cahotage
caisse	caisson	caissier	caïeu
caille	caillotis	cailloutage	cailleter
calomnie	calorifère	calomel	califourchon
camard	camée	camisole	camouflet
caniche	caneton	canonicat	canicule
canneler	cannelle	cannetille	cannibale
capable	capacité	capeline	capillaire
caque	caqueter	caquetage	caquette
caresse	carillonner	carrure	carrousel
case	casemate	caserne	casier
cassolette	cassonade	casserole	cassation
casque	casquette	castel	cascade
caséate	casaque	casuel	casino
catachrèse	cataclysme	catacombe	catafalque
cauchemar	causeur	caustique	cautère
cavalcade	cavalier	cavalerie	caverneux
catholique	cathédrale	catastrophe	catéchisme
cabriolet	cabinet	cabotage	cabalistique
cassis [2]	cassant	castor	castagnette
capitaine	caparaçon	capricorne	capricieux

ca cam

camp	cambouis	cambreur	cambuse
camarade	camail	camarilla [3]	caméléon
campagne	campagnard	campanule	campêche
camélia	camelotte	camisole	camomille
camphre	camphrier	campement	cambuse
camus	camion	camériste	camisard

[1] *Prononcez* caca-o-ier. — [2] *Prononcez* cice. — [3] *Prononcez* ril-la.

cantique	cantate	cancer	cancre
canal	canard	canif	canapé
candélabre	candeur	candidat	cantaloup
canonnade	caniveau	canevas	canezou
cantonnier	cantinier	cantatrice	cantharide
canonnier	canotier	canton	canon

cal cla clau clan

calcaire	calcédoine	calcination	calcul
calamiteux	calebasse	calaison	calèche
clabaudage	clabaudeur	claquer	clavelée
calfeutrer	calmant	calquer	calvaire
calembourg	calendaire	calendes	calendrier
clarifier	claveau	clavicule	clavette
calville	calviniste	calvitie	calculer
calibre	calice	calicot	câlinerie
calle	calligraphie	calleux	callosité
claquemurer	classer	classique	classification
claude	claudicant	clause	claustral
clan	clampin	clandestin	clandestinement
claie	clairement	clairière	clairvoyant

car cra cram crai

crabe	crapaud	cravate	cravache
carbonate	carbonisation	carcan	cardeur
carabin	carabinier	caracoler	caractère
cratère	craquelin	cracher	cracheur
cardinal	cargaison	carbonarisme	carmélite
caractère	carafon	caramboler	caramel
craquette	crachoir	crapone	craquement
carmin	carnaval	carnivore	cartel
caravane	caravansérail	carat	carapace
carnage	carnassier	carpillon	cardon
carolus	caronade	carotide	carotte
cartilagineux	cartonnage	cartouche	carmagnole
caricature	carillonner	caresse	carénage

cartomancie	carquois	carpophage	cartelette
carrossier	carrick	carrière	carrosse
carriole	carreau	carrefour	carrelage
crampe	cran	crampon	cramponnet
cramoisi	crâne	crânerie	crânien
craie	craindre	craintif	craintivement
crayon	crayeux	crayonneux	crayer

cru cur clu cul

cruauté	cruchon	crucifix	cruciforme
cursif	curviligne	curateur	curieux
cruel	cruellement	crucifère	crustacé
culbuter	culpabilité	cultivateur	clubiste

cu cui

cubage	cubique	curage	cucurbitacée
cueillage	cueillette	cueilloir	cueillir
cuillère [1]	cuillerée [2]	cuirasse	cuirassier
cuisine	cuisiner	cuisinier	cuisinière
cuisse	cuissot	cuissard	cuisson
cuistre	cuivre	cuivrer	cuivreux
cumul	cumuler	cumulation	cunéiforme
cupidité	curiosité	curatelle	curule
curaçao [3]	custode	cuvier	cuvette

cre cer creu ceu

créneau	crépuscule	crémaillère	crédulité
cerneau	cernoir	certaine	certificat
cerise	cérébral	cérémonie	céréal
cerveau	cervelas	cervelle	certitude
créole	cretonne	crécelle	création
cerceau	cercler	cercueil	cerfeuil
cérat	cérisaie	céramique	cerisier
crevette	crédence	crevasse	crèche
cerbère	certitude	cerf [4]	certes
crétinisme	crème	créancier	crépinette

---

[1] *Prononcez* cu-i-ière. — [2] *Prononcez* cu-i-ierée. — [3] *Prononcez* raço. — [4] *Prononcez* cère.

creux	creuset	creusoir	creusement
cresson	cressonnière	cresane	crésus
cendre	censeur	centaine	centaurée
cénacle	cène	cénotaphe	cénobite
centurion	centigramme	centrifuge	centenaire
centésimal	centralisation	centuple	centistère

ci cy cin

cible	ciboire	ciboule	cibaudière
cicatrice	cicatriser	cicérone [1]	cicéronien
ciel	cieux	cierge	cipaye [2]
cigale	cigarette	cigogne	ciguë
cimetière	cimier	cimenter	cimeterre
cingler	cinquième	cinquantaine	cintrage
cinéfier	cinéraire	cinabre	cinnamone
cisalpin	ciseau	ciselure	cisailles
citadelle	citrate	citron	citronnelle
civet	civière	civilisation	civisme
cyanose	cycle	cyclope	cylindre
cynique	cyprès	cynocéphale	cygne
cymbale	cymbalaire	cymbalier	cymaise

cri cir cli cil

crier	criaillerie	cribler	criminel
cirque	circuler	circulation	circulairement
cirer	ciron	cirier	cirure
cristal	cristallin	cristallographie	crispation
crin	crinière	crinoline	crinon
crypte	cryptogame	cryptographie	cryptonyme
clichage	clientèle	clignoter	climatologie
cil	cillement [3]	ciller [4]	cilice
clinique	cliquetis	cliquette	clicheur
clin d'œil	clinquant	clisser	client

co cou coi

coaccusé	coadjuteur	coaguler	coalition
coçotier	cocagne	coccinelle	cochenille

[1] *Prononcez* cicéroné. — [2] *Prononcez* cipa-ie — [3] *Prononcez* ci-iement. —
[4] *Prononcez* ci-ier.

codébiteur — codex — codétenteur — codicille
coexistant — coévêque — coéternel — coefficient
coffre — coffret — coffretier — coffrer
cognac — cognassier — cognée — cogner
cohabiter — cohérence — cohorte — cohésion
coiffe — coiffer — coiffeur — coiffure
coi — coin — coïncidence — coïncider
coléoptère — colifichet — colisée — colonisation
collaborateur — collationner — collégien — collocation
colossal — colonnade — collecte — collyre
coopérateur — coopérer — coordonner — coordination
copie — copal — copeau — copartageant
copiste — copieux — copier — copropriétaire
coq-à-l'âne — coquelicot — coquetterie — coquillage
coquetier — coqueluche — coquin — coquille
correction — corridor — corroyeur — corrompre
cosaque — cosson — cossu — cosser
cosmétique — cosmographie — cosmopolite — costumier
coteau — côtelette — cotignac — cotisation
cotret — cotylédon — côtoyer — cotonnier
couard — couenne — couchette — coudraie
couleuvre — coulisseau — couperose — couramment
courrier — courroie — courroux — courroucer
cousin — coussin — coussinet — couscuse
courbature — courbette — courtisan — courtoisie
coutelier — couturière — couvercle — couverture

cor   cro   croi   crou

corbeau — corbeille — corbillard — corbillon
croc — crochet — crocheton — crocodile
cordelier — cordial — cordonnier — cordouan
crocheteur — croasser — crochetage — croquet
cormier — cormoran — corneille — cornemuse
croquignole — croquis — croquant — crotale
corniche — cornouiller — corporel — corporation
corpulent — corvée — cortége — correspondanc
corail — coran — coralline — coriace

corruption	corsetière	corvette	corsaire
crosse	crossette	crosseur	crossillon
croix	croisade	croisée	croisillon
croître	croire	croissant	croissance
croisure	croisière	croisette	croiser
croyable	croyance	croyant	croyons
croûton	croup [1]	croupière	croupissant
croustille	croustiller	croustillant	croustilleux

col clo clof clou

colportage	colporteur	colchique	colza
colombage	coloquinte	coloris	colophane
collier	colloque	collerette	collatéral
clocher	cloaque	clocheton	clochette
cloison	cloisonnage	cloître	cloîtrer
clopiner	closerie	clôturer	cloporte
clou	clouer	cloutier	clouterie

co com

combat	combien	combiner	combustible
coma	comédien	comité	comestible
compacte	comparaison	compassion	compatriote
commentaire	commission	communal	commode
compensation	complainte	complaisant	complexion
communion	commensal	commandant	commotion
composition	compotier	compréhensible	compulsoire
commençant	commerçant	communiquer	communiste
comptable	comptoir	compère	comptabilité
commensurable	commissaire	commère	communauté
concentrique	concert	concesssion	concierge
conique	conifère	connétable	connaître
condescendre	conférence	confiscable	confluent
connaissance	connivence	connaissable	conniver
conclusion	concourir	conciliateur	concurrent
confession	confrérie	conciliabule	concussion
conquérant	congestion	congréganiste	congrès

[1] *Prononcez* croupe.

conjectural — conjonctive — conjugaison — conjoindre
conserve — consanguin — conséquence — consistoire
conscience — conscription — conspirateur — consterner
consulaire — consultatif — contemporain — contestable
contrister — contrevent — contrebande — contrefait
continent — contingent — continuel — contradictoire
contraire — contrainte — contrarier — convalescence
conventuel — convergence — convoitise — convulsion

cha cham chai chan che

chacal — chacun — chagrin — chagriner
châle — chalet — chaleur — chaloupe
chapeau — chapelain — chapelier — chapelure
chapiteau — chapier — chaque — chapitre
chat — châtaigne — châtelain — châtiment
chatouiller — chatoyer — chattemitte — chavirer
chaos [1] — chaldaïque — chaldéen — charybde
chariot — charité — charitable — charivari
chardonneret — charbon — charbonnier — charcutier
charade — charançon — charretier — charronnage
charpentier — charlatan — charrue — charmille
chambre — chambellan — chambranle — chambrier
chamade — chamailler — chamarrure — chamarrer
chambrière — champêtre — champignon — champion
chamelier — chameau — chamois — chamoiserie
chanceler — chancellerie — chandelier — chanson
chanet — chanoine — chanoinie — chanoinesse
chantier — chantignole — chantrerie — changement
chantepleure — chanfrein — chanvre — chancir
chaire — chaise — chaînette — chaînon
chaud — chaudière — chaudronnier — chaufferette
chausser — chaussette — chaussure — chausson
chasser — chasselas — chasuble — chasublier
chef — chefferie — chef-d'œuvre [2] — chef-lieu
chemin — cheminer — chemise — chemisier

[1] *Prononcez* ka *toute la ligne.* — [2] *prononcez* chè.

cheptel [1]	chenet	chêneau	chêne
chénevière	chénevis	chenevotte	chenil
cher	chercher	chercheur	cherté
chérif	chérir	chérubin	chérissable
chétif	chevalier	chevaleresque [1]	chevaucher
chevelure	cheveu	cheville	chevillette
chèvre	chèvrefeuille	chevreuil	chevrotine

cho choi chou

choc	chocolat	chômer	chômage
chose	chopine	choquer	choquant
choix	choisir	choisissons	choisissez
chou	chouan	chouette	choucroûte
choléra [2]	cholérine	chorus	chœur
chorégraphie [2]	choriste	choriambe	choraïque
chicane	chicaneur	chichement	chicorée
chiourme	chiffon	chiffonnier	chiffrer
chien	chienne	chignon	chimérique
chirurgie	chirurgical	chiqueur	chiquenaude
chiromancie [3]	chiromancien	chiragre	chirologie
chute	chuchotement	chuchoterie	chuchoter
chrême [4]	chrétien	christ	christianisme
chrome	chronique	chronologie	chronomètre
chrysalide	chrysocome	chrysocale	chrysanthème
chlorate [5]	chloreux	chloroforme	chlorique

ce cein

céans	cette	ceci	cécité
cédille	cèdre	cédule	celui
ceindre	ceintrage	ceinture	ceinturon
célébrant	céleste	célébration	céleri
célibat	cellulaire	cellier	celtique
cep [6]	cependant	cément	cérumen
ceste	césure	cessation	cessionnaire

[1] Prononcez chetel. — [2] Prononcez ko pour les deux lignes. — [3] Prononcez ki toute la ligne. — [4] Prononcez kr les deux lignes. — [5] Prononcez kl toute la ligne. — [6] prononcez cè.

EXERCICE SUR LES VERBES

ils calomnient	ils carillonnent	ils censurent
ils calomniaient	ils carillonnaient	ils censuraient
n. calomnions	n. carillonnions	n. censurions
v. calomniez	v. carillonniez	v. censuriez
ils contrarient	ils contraignent	ils conviennent
ils contrariaient	ils contraignaient	ils convenaient
n. contrarions	n. contraignons	n. convenions
v. contrariez	v. contraignez	v. conveniez
il comprend	il comprenait	il comprendra
il convient	il convenait	il conviendra
ils créent	ils croient	ils croassent
ils créaient	ils croyaient	ils croassaient
ils cousent	ils copient	ils chauffent
il connaissait	il comparaît	il canonnait
n. construisions	n. conspirions	n. conjuguons
ils châtient	ils chassent	ils chatouillent
ils colportaient	ils collaient	ils copiaient
ils concluent	ils cueillent	ils courent
ils crayonnaient	ils se cromponnaient	ils coiffaient
ils communient	ils commercent	ils cessent

NOMS PROPRES. — HOMMES REMARQUABLES

Catherine	Camille	Caroline	Casimir
Célestin	Célestine	Célinie	Célina
Cécile	Césarine	Césarie	Césaire
Clarisse	Claire	Clotilde	Claudine
Charles	Charlotte	Christophe	Christine
Cornélie	Cornélia	Coralie	Corinne
Cyrille	Cyprien	Clémence	Clémentine

Constance	Constantin	Céran	Cléophas
Clovis	Clodomir	Clotaire	Clodion
Chilpéric	Childéric	Childebert	Charlemagne
Caribert	Carloman	Cramne	Carlovingiens
Caïn	Caïphe	Cham	Cyrus
Canova	Carrache	Caton	Catinat
Caligula	Catulle	Calliope	Cassandre
Catilina	Calypso	Castor	Cassini
Coligny	Colomb	Copernic	Cook
Coriolan	Collatinus	Cortès	Crillon
Colbert	Corneille	Cottin	Calvin
Cinna	Cicéron	Cimon	Crébillon
Condillac	Condorcet	Condé	Confucius
Commode	Commines	Conrad	Cambacérès
Cléopâtre	Cléanthe	Cléarque	Cléonidas
Clio	Clitarque	Clytemnestre	Clinias
Chrysante	Chénier	Chilon	Chabrias
Chrysostôme	César	Crassus	Cambyse
Cincinnatus	Charles-Quint	Commène	Cyaxare

NOMS DE VILLES, PROVINCES, ETC.

Capoul	Cadix	Cagliari	Cahors
Calais	Caen	Cayenne	Canada
Capoue	Caracas	Californie	Canaries
Carpentras	Carcassonne	Carthagène	Carmel
Cambrai	Cantal	Cambridge	Canterbury
Chartres	Charolles	Charente	Charleroi
Châteauroux	Châtillon	Chatellerault	Châteaudun
Chambéry	Chandernagor	Champagne	Chantilly
Chinon	Chine	Chypre	Chili
Chimborazo	Christiana	Christiansburg	Calcutta

Cobourg	Coblentz	Cognac	Copenhague
Coromandel	Colombie	Cosne	Cologne
Compiègne	Compostelle	Confolens	Congo
Commercy	Commentry	Constantinople	Condom
Corfoue	Cordilières	Cornouailles	Corse
Coutances	Coulommiers	Coumassie	Coutras
Courbevoie	Courtenay	Courtivron	Courcet
Crimée	Crémone	Creuse	Crécy
Cévennes	Céphalonie	Cérigo	Cette
Clermont	Clamecy	Clisson	Clamart
Castelnaudary	Castellane	Cassel	Castres

LES ENFANTS DE CLODOMIR

Lorsque vous apprendrez l'histoire de France, vous verrez, mes amis, que Clovis a été un grand roi et que c'est lui qu'on peut regarder comme le véritable fondateur de la monarchie française. A sa mort, son royaume fut partagé entre ses fils : Childebert, Clotaire, Clodomir et Thierry. Clodomir eut en partage le royaume d'Orléans, mais il ne le posséda pas long-temps, car, étant en guerre avec le roi de Bourgogne, il périt dans une bataille. Ce prince laissa trois fils, que leur grand'-mère, Clotilde, fit venir près d'elle, à Paris. Elle en prit grand soin ; elle les affectionnait beaucoup, car on dit qu'ils étaient très-aimables et très-obéissants. Leur bonne maman les aimait d'autant plus, sans doute, qu'ils étaient orphelins ! On est si malheureux quand on n'a plus son père et sa mère ! Priez le bon Dieu, mes petits amis, qu'il vous conserve vos parents !

Un jour, Clotaire et Childebert, sous le prétexte de partager à leurs neveux l'héritage de leur père et de les faire rois, vin-rent à Paris et demandèrent à leur mère la permission de les emmener. Clotilde y consentit, car elle crut ce que disaient ces méchants ; mais quelque temps après, lorsque cette pieuse reine était en prières, un homme à l'air farouche et cruel se présente à ses yeux et, lui montrant des objets qu'il tenait à la main, il lui dit : « Les rois Clotaire et Childebert vous envoient des ciseaux et un poignard, choisissez. » Clotilde comprit bien ce que ces objets signifiaient, et qu'il était question de ses petits-enfants; dans le premier élan de son désespoir, elle s'écria : « J'aime mieux les voir morts que tondus. » Il faut vous dire, mes amis, que nos premiers rois portaient de grands cheveux; c'était une marque de distinction, et un homme qui avait eu les cheveux coupés ne pouvait plus régner. Les ciseaux et l'épée étaient donc un langage symbolique, cela signifiait : ou nos neveux auront les cheveux coupés ou ils mourront, et la reine Clotilde avait préféré la mort à la honte de ses petits-fils.

Cependant, le sinistre messager alla reporter aux deux princes la réponse de leur mère, et ces méchants, aussitôt qu'ils la connurent, décidèrent la mort des deux orphelins. Plusieurs hommes furent envoyés dans leur prison (car c'était dans un cachot qu'ils avaient été mis à leur arrivée) : en entendant ouvrir les portes, ils étaient heureux, ces pauvres petits; ils pensaient qu'ils allaient être libres et qu'ils allaient retourner vers leur bonne maman; mais ils se trompaient bien. Lorsqu'ils furent arrivés en présence de Clotaire et de Childebert, Clotaire se jette sur le premier, le perce de son épée et l'étend mort à ses pieds sans qu'il ait le temps de jeter un cri. L'autre petit prince, à cette vue, se jette aux pieds de son oncle Childebert, il lui demande pardon, il pleure, il le conjure de ne point lui faire de mal. Childebert est attendri; il se retourne vers son frère et lui dit : « Épargnons cet enfant, grâce pour lui. » A ces mots, Clotaire devient encore plus furieux; il reproche à Childebert son manque de courage : « Est-ce donc là, dit-il, ce que tu m'as promis; quoi ! tu ne peux résister aux larmes d'un enfant; arrière, lâche, ou je te perce toi-même. » Il prend le malheureux enfant qui, deux minutes après, va rejoindre son frère au ciel !

Après ce crime affreux, le royaume de Clodomir passa à ses frères, car son troisième fils, qu'on avait pu soustraire à la mort, s'était fait couper les cheveux et était entré dans un couvent. C'est lui qui est connu dans l'Église sous le nom de saint Cloud. Bientôt, par la mort de Childebert, Clotaire se trouva seul roi; il était bien puissant, maître de la France entière; mais ne croyez pas pour cela, mes petits amis, qu'il était heureux, car on ne peut l'être quand on a commis des crimes, et le bon Dieu permet que le bien acquis injustement ne donne pas le bonheur. Clotaire eut son fils qui se révolta contre lui; il le fit brûler vivant dans une chaumière où il s'était réfugié avec sa famille. De ce moment surtout les remords déchirèrent son cœur : ses nuits étaient sans sommeil, des songes affreux le tourmentaient; il lui semblait toujours entendre les plaintes douloureuses de ses victimes ! Ce prince mourut en 561; au moment d'expirer, il s'écria : « Quelle est donc la puissance du roi du ciel qui fait ainsi mourir les plus grands rois de la terre ! »

CHAPITRE VIII

D

da	dac	dau	dor doi don
d'abord	dactyle	dague	daguerréotype
dahlia	davantage	datif	dam
dallage	dalmatique	damnable	damnation
damas	damier	damoiseau	damasquineur
dard	darne	dartreux	dardillon
daigner	dais	daim	daine
daube	daubière	dauphin	d'autant
dandiner	dandy	dangereux	danseur

dé den der des

débâclage	débandage	débarbouilloir	débarcadère
débauche	débillarder	débitant	déblaiement
déblayer	déboiser	débonnaire	débordement
débusquer	débrider	débrouiller	débourser
décadence	décacheter	décalogue	décampement
décarreler	décembre	décemvir [1]	décennal
déchaîner	déchargeoir	déchaussoir	déchiffrer
déchéance	déchet	décintrage	déclamateur
déclinaison	décoction	décomposer	déclaration
découverte	décrépitude	décroître	décrottoir
dédaigner	dédain	dédicace	déduction
défaillance	défaut	défectueux	déficit [2]
défricher	défoncement	définitif	défleurir
dégagement	dégauchir	dégel	déguiser
dégorgement	dégradation	dégringolade	déguisement
déguster	déguerpir	dégrossir	dégraisser
déharnacher	déhonté	dehors	déhancher
déicide	déisme	déité	déification
déjection	déjeuner	déjoindre	déjucher
délai	délayant	délectable	délégation
déloyal	delta	délinquant	déliquescent [3]
démagogue	demain	démaigrir	démangeaison
démembrer	démener	demeurant	démission
demoiselle	démoniaque	démontage	démonstratif
dénicher	dénombrer	dénoûment	dénudation
densité	dentaire	dentelle	dentiste
dentition	denrée	denticule	dentclaire
dépareiller	département	dépayser	dépeindre
dépointer	déploiement	dépression	dépuratif
déraciner	dérailler	déraisonner	dérisoire
dernier	derme	dernièrement	derviche
désaccord	désappointer	désastreux	désistement [4]
destin	destituer	destruction	destination
déshonnête	désertion	désinvolture	désobligeant

[1] Prononcez cème. — [2] Prononcez cite. — [3] Prononcez kesse. — [4] Prononcez zis.

dessaisir | dessous [1] | dessert | dessoucher
détailler | déteindre | détente | déterminant
détestable | détériorer | détraction | détruire
deux | deuil | deutéronome | deuxième
devanture | dévastation | déverrouiller | déversoir
devin | devineresse | dévotieux | dévouement
devoir | dévoiler | dey | dextérité.

di   dic   dif   dis

diaphane | diapason | diatribe | diaprer
diablerie | diacode | diaconal | diagnostic [2]
dialecticien | dialogue | diamant | diamétral
diorama | diocésain | dioïque | dionée
diurne | diurnal | doigt | doigtier
douane | douanier | douaire | douairière [3]
diète | diérétique | dièse | Dieu
duel | duelliste | duègne | druide
dictateur | dictionnaire | dicton | dicotylédone
diffamatoire | difficulté | difformité | différence
digital | digestion | digue | dignité
dilapider | dilatoire | dilettante | diligence
dimanche | dimension | diminution | dindonneau
diplôme | diplomatique | diptère | directoire
discerner | discipline | disconvenance | discordance
discourir | discrétion | discussion | disgracieux
disjoindre | disparate | disperser | disproportion
distance | distillateur | distinctif | distraire
dissection | dissemblance | disserter | dissimuler
district [4] | distraction | distinction | distribuer
divergence | divertissant | dividende | divaguer
dix | dixième | dizain | dizaine

doc   dog   dor   dou   don

doctrinaire | doctorat | dock | dolmen [5]
docilité | document | dodécaèdre | dodécandre
dogmatique | dogme | dogue | doge

[1] *Prononcez* de. — [2] *Prononcez* diag-nos-tik. — [3] *Prononcez* doarière. — [4] *Prononcez* trike. — [5] *Prononcez* mène.

domaine	domestique	dominicain	dominotier
donataire	donjon	dompteur [1]	donation
douceur	douloureux	douillette	douzaine
dorloter	dormitif	dortoir	dorsal
dos	dose	dosse	dossier
dragme	dragon	draguer	drainer
drogman	droguiste	droit	droiture
duc	duché	duchesse	duplicata
duumvirat [2]	duvet	dunette	dulcifier
dynamique	dynastie	dynastique	dyssenterie
décagramme	décistère	décalitre	décimètre

VERBES

ils dessinent	ils destinent	ils devinent
n. dessinerons	n. destinerons	n. devinerons
je dessinerai	je destinerai	je devinerai
ils distribuent	ils dirigent	ils digèrent
ils distribuèrent	ils dirigèrent	ils digérèrent
n. distribuâmes	n. dirigeâmes	n. digérâmes
je distribuerai	je dirigerai	je digèrerai
il divulguera	il dissuadera	il dissertera
il divulguerait	il dissuaderait	il disserterait
v. dormirez	v. dompterez	v. dénoncerez
n. dépouillerons	n. demeurerons	n. déléguerons
ils détruisirent	ils dorèrent	ils dissimulèrent

HOMMES REMARQUABLES — VILLES — PROVINCES — NOMS PROPRES

Duguay-Trouin	Du Guesclin	Duquesne	Dunois
Démocrite	Démosthène	Desaix	Delille
Ducis	Dupuytren	Duroc	Durer

[1] *Prononcez* donteur. — [2] *Prononcez* duomte.

Diogène	Dioclétien	Diodore	Diderot
Descartes	Deshoulières	Dèce	Démétrius
Dracon	Damoclès	Deucalion	Didon
Dominiquin	Daubenton	Dante	Dagobert
Daniel	David	Darius	Débora
Dathan	Doëg	Dagon	Dalila
Denise	Didier	Dominique	Delphine
Danemark	Damas	Damiette	Daghestan
Delhi	Delphes	Denain	Déols
Dieppe	Digne	Dijon	Digoin
Douvres	Douai	Doullens	Doudeville
Domrémy	Domfromt	Douzy	Douzenac
Dublin	Dunkerque	Draguignan	Dresde

DANIEL

Le petit Daniel aimait tendrement son père et sa mère, et en était aimé encore plus tendrement. Tous les parents désiraient que leurs enfants fussent liés d'amitié avec lui, dans l'espérance que sa société les rendrait aussi bons qu'il l'était lui-même.

Il y avait un autre petit garçon, nommé Denis, qui demeurait dans le voisinage. Celui-ci était un méchant qui se plaisait à battre les enfants qui n'étaient pas de sa force, et à se moquer des pauvres, au lieu de les secourir. Je ne vous ai pas dit encore toutes ses mauvaises qualités. Un jour, il fut rudement puni pour avoir fait un mensonge. Son père lui dit qu'il n'y avait pas de vice plus honteux, et qu'il était d'autant plus coupable, que les bons exemples de son voisin Daniel auraient dû le corriger. Denis, indigné de se voir mis au-dessous d'un enfant plus jeune et moins grand que lui, résolut de le battre la première fois qu'il le verrait. En effet, l'ayant trouvé le soir même au retour de l'école, il courut le prendre par les cheveux; mais les camarades du petit Daniel, dont il était alors environné, prirent vigoureusement son parti; et Denis fut obligé de se retirer, après avoir été chargé de gourmades par toute la troupe.

Ce n'est pas tout. Les amis de Daniel allèrent, de ce pas, conter aux parents de Denis la méchanceté de leur fils. Denis fut envoyé au lit sans souper; et il aurait été puni plus sévèrement par son père, si Daniel ne fût allé demander grâce pour lui. Ce trait de bonté de Daniel fit une impression si vive sur le cœur de son ennemi, qu'il oublia sa colère; il ne put s'empêcher de s'avouer à lui-même que cet enfant était, en effet, beaucoup meilleur que lui. Il commença dès ce moment à l'aimer; et tous les jours, plus frappé de ses bonnes qualités, il résolut de le prendre pour modèle, et de se rendre aussi bon. Cette généreuse émulation les unit de l'amitié la plus tendre; ils devinrent bientôt inséparables; ils ne disputaient que de zèle à remplir leur devoir; et au bout de l'année on ne savait déjà plus lequel des deux avait autrefois été méchant.

BERQUIN.

La vertu, mes enfants, donne la paix de l'âme.
C'est à faire le bien qu'il faut borner ses vœux.
On est toujours tranquille, étant exempt de blâme:
Il n'est point de malheurs pour l'homme vertueux

LE DOUILLET

Lolo a neuf ans environ, il est douillet au point que si une puce le pique, il n'y tient plus, il faut le déshabiller pour chercher la puce ; il voudrait qu'on prît un fusil à deux coups pour la tuer.

Qu'il se coupe tant soit peu et qu'il voie sortir de sa légère blessure une toute petite perle de sang : Oï, oï, aï, aï, oh, la, la ! Maman, papa, mon oncle, ma tante, frère, sœur, cousin, cousine, Pierre, Mariette, venez, venez tous, je me meurs, je suis mort, je perds tout mon sang ; et Lolo pâlit, il tremble, il pleure, il crie, il chancelle, il tombe sur une chaise. Vite un médecin, un pharmacien, un chirurgien, toute la Faculté de Paris ; mais c'est bien inutile, car Lolo est blessé à mort ; il le dit ; qu'on appelle donc un prêtre pour le confesser, puis l'enterrer ; que l'on commande la pierre qui pèsera sur son tombeau, avec cette épitaphe : *Ci gît Lolo le douillet, mort subitement d'une égratignure.* Heureusement que le défunt n'est pas mort ; car, une heure après, il mange, il boit et rit comme si de rien n'était ; c'est qu'en effet ce n'était rien. Lolo, depuis qu'il vit, est mort cent fois au moins. Comptez bien : Lolo est mort une fois parce qu'il avala de travers ; il ressuscita et mourut une seconde fois parce qu'un camarade lui tira les cheveux ; une autre fois il mourut pour avoir fait une chute sur le gazon, pour s'être brûlé le petit bout du doigt ; il se croyait rôti comme un chapon, et il demandait à tout le monde : *Est-ce que je ne sens pas le roussi ?* Il est mort quatre fois le mois dernier : d'abord d'un rhume, puis d'une colique, ensuite d'une fièvre, enfin d'une indigestion. Lolo est mort cent fois, vous dis-je, et il se porte comme un charme.

Ses parents sont désolés d'avoir un enfant si délicat, si douillet, si mignard, un garçon si petite fille, un petit gaillard si poule mouillée. Ils ont tout employé pour le guérir de la peur de l'exagération du mal physique. L'imagination poltronne et la mollesse de cœur de leur enfant les désolent; ils ne savent comment fortifier l'âme faible de cet enfant qui, s'il continue, sera un objet de dérision pour tout le monde.

ROSIER.

CHAPITRE IX

F

fal fla fra far fro for flu ful fur fru fir fri

falsificateur	falsification	falsifier	falbala
flaque	flacon	flageller	flagornerie
flairer	flaireur	flatterie	flasque
flambant	flambeau	flamboyant	flanc
flammant	flammèche	flanelle	flâneur
farce	farcin	fardeau	farfadet
frac [1]	fracas	fractionnaire	fracture
frapper	fragment	fraternel	fratricide
fraisil [2]	fraîcheur	fraisier	fraise
fraude	fraudeur	frauduleux	frauduleusement
framboisier	Français	franciscain	frangipane
frayer	frayeur	frayoir	frayure
forçat	forcément	forfaire	forfanterie
froc [3]	frôlement	froment	fromagerie
forgeable	formellement	formulaire	forgeron
forteresse	fortification	fortuit	fortifiant
frottage	frottoir	frottement	frotter
froid	froidement	froissement	froissure
froncer	frontispice	frontière	fronton

[1] *Prononcez* frak. — [2] *Prononcez* zi. — [3] *Prononcez* frok.

folle	follement	folliculaire	follicule
flocon	floraison	florissant	flottille
flouer	flouette	flonflon	floueur
fluctuation	fluide	fluvial	fluxion
fulguration	fulminant	fulminer	fulmination
furtif	furtivement	frugal	frugivore
fructidor	fructifier	fruste	frustrer
fruit	fruiterie	fruitier	fruitière
friable	friandise	fricandeau	fricassée
firman	firmament	fringale	fringant
friction	frimas	frissonnement	friponnerie

fli fil fer fre

flibustier	flibot	filtrer	filtration
fermage	fermement	fermentation	ferveur
fredaine	fredonner	frelateur	freluquet
ferraille	ferrure	ferrailleur	ferrugineux
frénésie	fréquenter	fressure	frétiller
frein	fresque	frette	fret

fac fai fan fau

fablier	fabrication	fabricien	fabuliste
facette	facilement	façonner	facultatif
factieux	faction	facteur	facture
fadaise	fagot	falaise	falot
fameux	familier	famille	familiarité
fanal	fanatisme	faneur	fanatique
fanfaron	fangeux	fantaisie	fantasmagorie
faquin	fastueux	fascinage	fastidieux
fataliste	fatiguer	faveur	favorable
faiblesse	faillite	fainéant	faisanderie
faubourg	fauchaison	fauconnerie	fauteuil
faufiler	fausseté	fautif	faussement

fen feu

fébrifuge	fécondité	fédéralisme	féculent
féerique	feindre	féminin	femme
fenaison	fendoir	fenêtre	fenouil

féodalité	ferblantier	férule	féminiser
festin	festival	festonner	festoyer
feudataire	feuillage	feuillet	feuilleter
feuilleton	feutre	fève	février

fis fin

fibreux	ficelle	fichoir	fiction
figuier	figurine	filament	filassier
filial	filleul	filoselle	filouterie
fin	finance	finaud	finesse
fiscal	fissure	fixation	fixité
fiacre	fiat	fiançailles	fiancer
fief	fiel	fierté	fiévreux

fo foi fou

folâtrer	foliacé	forage	forain
forestier	fosse	fossile	fossoyeur
foie	foin	foison	foisonner
fouage	fouetter	fouille	fouine
fougeraie	fourbe	foudroyer	fourchette
fourgon	fourmilière	fournil	fourrager
foncière	fonction	fondrière	fontainier
fugitif	fumage	fumier	fumiste
funérailles	funéraire	funeste	funestement
furet	furibond	furieux	furoncle
fusain	fuseau	fusilier	fusionniste
futaie	futaille	futaine	fuir
fashion [1]	fat [2]	fils [3]	fût [4]

EXERCICE SUR LES VERBES

n. flétririons	n. figurerions	n. flotterions
q. je fixasse	q. je fatiguasse	q. je festonnasse
elles se fixèrent	elles se fatiguèrent	elles festonnèrent
n. fertiliserons	n. fracturerons	n. fusillerons

[1] *Prononcez* féchion. — [2] *Prononcez* fate. — [3] *Prononcez* fice. — [4] *Prononcez* fu.

n. fouettâmes	n. fournîmes	n. forçâmes
v. fouettâtes	v. fournîtes	v. forçâtes
ils fleuriront	ils flagelleront	ils flaireront
ils fleurissaient	ils flagellaient	ils flairaient
ils fainéantent	ils fabriquent	ils façonnent
je fainéanterai	je fabriquerai	je façonnerai
ils faussèrent	ils fauchèrent	ils se faufilèrent
n. faussâmes	n. fauchâmes	n. n. faufilâmes

NOMS PROPRES

Florence	Florentin	Fernand	Ferdinand
Fanny	Flavie	Flore	Firmin
François	Frédéric	Félix	Félicité

HOMMES REMARQUABLES

Franklin	Fénelon	Florian	Fleury
Fontanes	Fontenelle	Feller	Frédégonde
Foulques	Faust	Fabricius	Fabius

GÉOGRAPHIE

Florence	Florensac	Floride	Frohsdorf
Fréjus	Fribourg	Frontignan	Fresnay
Ferrare	Fécamp	Figeac	Finistère
Fontevrault	Fontainebleau	Forcalquier	Fougerolles
Falaise	Falmouth	Falkland	Farnham
Fornoue	Flessingue	Foix	Finlande
Fleurus	Fontenay	Francfort	Friedland

FÉLICITÉ

Oh! l'horrible chose que la malpropreté! Les personnes bien élevées fuient les malpropres de cent lieues!....

Félicité aurait été aimable, si elle n'avait pas eu ce vilain défaut; mais elle était sale... si sale, qu'on ne l'aurait pas prise avec des pincettes; elle se traînait par terre, gâtait ses robes, qui étaient toujours pleines de taches; elle avait les mains noires comme de l'encre et la figure toute barbouillée! Cependant on lui mettait une robe blanche presque tous les jours. Le matin, Félicité était propre et gentille à ravir! une heure après, elle dégoûtait tout le monde. Aussi sa maman ne l'embrassait jamais, et personne ne la caressait, de crainte d'être touché par ses mains sales.

A table, la petite malpropre répandait sur elle du bouillon, de la sauce, et se faisait gronder sans cesse; elle était bien malheureuse, mais par sa faute.

Sa maman se lassait de la voir manger malproprement, sans vouloir se corriger. Un jour, Félicité répandit une assiette de compote sur une belle robe toute neuve qu'elle mettait pour la première fois, et qui coûtait bien cher! Sa maman, très-mécontente, la prit par la main, la fit asseoir par terre, à côté de l'écuelle du chat, et lui dit : « Voici votre place dorénavant, mademoiselle, jusqu'à ce que vous soyez corrigée de votre horrible malpropreté. » Pour son malheur, Félicité mangea longtemps à cette place, et ce vilain défaut lui causa beaucoup de chagrin.

Mme DE RENNEVILLE.

La propreté sur la personne, dans les vêtements, est l'une des règles les plus certaines de l'hygiène; elle prévient une foule de maladies; elle entretient la fraîcheur et facilite le jeu de tous les organes; mais elle entretient aussi les idées de décence, les habitudes d'ordre; elle concourt à inspirer le respect que l'homme se doit à lui-même; elle l'accoutume à la vigilance sur soi; elle commande la modération, l'attention, la tenue en beaucoup de choses; elle dispose au travail; elle répand une certaine sérénité dans l'esprit; elle offre l'image sensible de la pureté intérieure de l'innocence; elle est aussi un égard pour les autres; elle plaît, elle attire la bienveillance; elle facilite le commerce de la vie; elle est un lien de sociabilité. La propreté peut être observée dans toutes les situations; il y a une propreté compatible avec la pauvreté elle-même.

LA FOLLE [1]

C'était par un beau jour du mois de mai; il était cinq heures du soir. J'avais votre âge, mes amis; par conséquent, j'aimais, comme vous, à jouer, à courir, à cueillir de belles fleurs le long des haies et dans les prairies. Nous étions, au sortir de la classe, huit ou dix petites filles occupées à former de jolies paumes en primevères, sur le bord d'un chemin, à 1 kilomètre du bourg, lorsque tout à coup nous entendîmes beaucoup de bruit; puis bientôt vinrent à nous une quantité de petits garçons qui criaient : « C'est la folle! c'est la folle! », et qui faisaient une espèce de chanson de ces paroles. Ces enfants couraient, et les premiers qui arrivèrent près de nous nous dirent : « Nous avons bien taquiné la folle; elle est fâchée pour de bon; « elle a un bâton à la main; elle vient. Sauvez-vous! courons! »

Nous nous levons à l'instant, et nous apercevons, en effet, non loin de nous, une femme échevelée, les vêtements en désordre, un énorme bâton à la main, qu'elle brandissait en colère, avec des cris, une expression de figure impossible à décrire. Effrayées à cette vue, nous prenons à l'instant un petit sentier pour regagner le village. Les plus grandes d'entre nous allaient vite; elles purent bientôt gagner une maison et

(1) Cette histoire est véritable. L'infortunée qu'on appelait ainsi était une femme, jeune encore, qui perdit la raison à la suite de grands malheurs. Tout le jour elle errait dans les champs, et le soir elle rentrait près de ses parents.

se cacher. Mais malheureusement avec nous était une petite fille de quatre ans et demi[1], nommée Aglaé. Elle était charmante cette enfant ! Je la crois voir encore, avec sa figure rose, ses yeux bleus, ses cheveux longs et bouclés lui tombant sur les épaules, le front orné par nos soins d'une belle couronne de marguerites ? Malheureusement, vous dis-je, cette pauvre petite, ne comprenant pas le danger, reste à sa place. D'ailleurs, à son âge, comment aurait-elle pu fuir assez vite ! Et la folle, en quelques minutes, est auprès d'elle ; elle la prend dans ses bras, la regarde un instant, puis, soudain, se dirige à pas précipités du côté d'un petit bois.

Cependant les premières personnes que nous rencontrons, effrayées par nos cris, nous questionnent et demandent le sujet de nos larmes et de notre frayeur. Nous racontons en sanglottant que la folle avait pris notre petite compagne, et qu'elle l'avait emportée dans le bois. Bientôt la mère d'Aglaé est prévenue ; agitée par un cruel pressentiment, elle court dans la direction indiquée ; plusieurs personnes se joignent à elle. On arrive dans le bois ; on cherche, on appelle, mais inutilement. Enfin, la pauvre mère, désespérée, aperçoit.... (quelle autre qu'une mère peut retrouver la première son enfant) aperçoit la folle dans un fourré, près d'un arbre ; elle jette un cri, en disant : « Mon enfant ! ma fille ! où est ma fille ? » Pour toute réponse, la folle, avec un sourire infernal, se détourne et lui dit : « Tiens, la voilà..... » Aglaé était morte à ses pieds ; elle l'avait étouffée.   .   .   .   .

.   .   .   .

Il est bien rare que dans un pays il n'y ait pas ce qu'on appelle les *souffre-douleurs* des enfants ; ce sont pour la plupart des personnes déshéritées de la nature : des sourds, des aveugles, des idiots, des infirmes. Les enfants s'attachent à ces pauvres êtres, les insultent, se moquent d'eux et les font beaucoup souffrir. Ah ! mes petits amis, que l'histoire de la pauvre folle vous guérisse à jamais de ce grand défaut. Il faut avoir un bien vilain cœur pour se moquer de quelqu'un qui est déjà si malheureux ! La folle, avant de se venger, avait souffert très-longtemps. Que de fois on était venu à elle sur le bout des pieds, pour l'effrayer et la surprendre! Que de fois on l'avait poursuivie en riant et en lui jetant des pierres! Elle ne s'est vengée qu'une seule fois; mais bien cruellement, puisque ce fut un pauvre petit ange qui fut sa victime!

CHAPITRE X

G

Règles particulières a la lettre G

g *se prononce* **gue-n** *dans les mots suivants:*

igné (igue-né)	stagnante	inexpugnable	diagnostique
ignition	stagnation	régnicole	Progné

g *se prononce* **gue** *dans :*

bourgmestre	magnificat	pouding	suggérer
drogman	fragment	joug	stigmate
magnolier	grog	suggestion	zig-zag

g *ne se prononce pas dans les mots suivants :*

signet	imbroglio	doigt	étang
sangsue	bourg	doigter	rang

Le **g** *devant* **e é è i** *se prononce* **j** — *Ex.:*

genou	gilet	il rongea	bourgeois
gémir	gêne	je mangeais	pigeon

EXERCICE POUR LA PRONONCIATION DE LA LETTRE G SUIVIE D'UN U

vengeur	vigueur	lange	langue
largeur	longueur	longe	longue
élargir	languir	nager	divulguer
prolongé	fatigué	bougeoir	Grégoire
argent	onguent	gorge	Georges
figer	prodiguer	fourgon	bourgeon
affliger	narguer	gai	geai

gar gra gran gal gla glai

garnison	gardien	garçon	gargarisme
grabat	grâcieux	graduellement	granit
gargotier	gargouille	garnisaire[1]	garniture
graphique	gratifier	gratuit	gravois
grappe	grappillage	grasse	grasseyement
grain	graine	graisse	graissage
grammaire	grammairien	gramme	grammatical
grandeur	grandesse	grandiose	grandir
galvanisme	galvaniser	galvanoplastie	galvauder
glacière	glacis	gladiateur	glaïeul
gallican	gallicisme	gallinsecte	gallique
glandage	glanage	glandée	glaner
glaire	glaise	glaisière	glaive
gars	gascon	gaspiller	gastronomie

grc ger gor gro grou glo glou glu gri

Grec	Grecque	grégeois	grelot
grenadier	grenier	grenouille	grésil
gerbe	gerçure	germination	germinal
geste	gestion	gesticuler	gesticulateur
greffe	greffier	greffoir	greffeur
gorge	gorgeret	gorgerin	gorgée

[1] *Prononcez zaire.*

grognard | grognon | groseillier | grotesque
grotte | groom [1] | grog [2] | groin
grossier | grossir | grossissement | grossièreté
groupe | grouper | grouillant | grouillement
globuleux | glorieux | glorifier | gloriole
gloseur | gloire | glossaire | globe
glouglou | gloussement | glouton | gloutonnerie
gluant | glucose | gluten [3] | glutineux
gruau | grugeur | gruyère | grumeleux
griblette | grief | gribouillage | grièvement
gril | grillade | grillon | grille
griffe | griffon | griffonnage | griffonner
grimaçant | grimoire | gripper | grisaille
grimpant | grimper | grincement | grincer

ga   gai   gau   gen   gé   gi   go   gon   gou   gui   guin

gabelle | gabion | gâchette | gâcheur
gâchis | gageure [4] | gagnable | gagner
gaîté | gain | gaîne | gaillardement
galérien | galop | galoche | galon
gamelle | gamme | gambade | gambier
ganache | gangrène [5] | gangue | ganse
garance | garantie | ganterie | garenne
gauche | gauchère | gaufrer | gaulois
gazéifier | gazette | gazon | gazouiller
geai | géant | geindre | gemme (sel)
gélatine | gémeaux | gémissant | gênant
gencive | gendarme | gendre | gens
généalogie | généralissime | générosité | genévrier
gentiane [6] | gentil | gentilhomme [7] | gentillesse
géométrie | géographie | geôlier [8] | géologue
gibecière | giboulée | giboyeux | gigantesque
gigot | gingembre | giroflée | girouette
gisant | gisement | gît [9] | givre

[1] *Prononcez* groume. — [2] *Prononcez* gue. — [3] *Prononcez* tène. — [4] *Prononcez* jure.
— [5] *Prononcez* kan. — [6] *Prononcez* siane. — [7] *Prononcez* ti-iome. — [8] *Prononcez*
jô. — [9] *Prononcez* gi.

gobelet	Gobelins (les)	goëlette	goître
golfe)	gosier	gothique	gouache
gomme	gondolier	gonfler	gonflement
goudronner	gouffre	goujat	goupillon
gourde	gourmand	gourmette	gourmandise
gousset	gouttière	gouvernail	gouverneur
gué	guéable	guelfe	guenille
guêpe	guéret	guéridon	guérilla
guerre	guérite	guérison	guerroyer
guet-apens	guêtre	guetter	guetteur
gueule	gueuserie	gui	guichetier
guigne	guidon	guise	guitare
guillemet	guillotiner	guimauve	guillocher
guimbarde	guimpe	guindage	guinguette
gymnase	gymnastique	gypse	gypseux
guano [1]	guttural	gutta-percha [2]	gibus [3]

EXERCICE SUR LES VERBES

je garderai	je gagnerai	je garnirai
je garderais	je gagnerais	je garnirais
v. garderez	v. gagnerez	v. garnirez
v. garderiez	v. gagneriez	v. garniriez
ils gazouillent	ils gesticulent	ils gonflent
ils gazouillaient	ils gesticulaient	ils gonflaient
n. gazouillerons	n. gesticulerons	n. gonflerons
ils grelottent	ils greffent	ils grimacent
ils grelottèrent	ils greffèrent	ils grimacèrent
n. grelottâmes	n. greffâmes	n. grimaçâmes
j guérirai	je guetterai	je guiderai
q. n. guérissions	q. n. guettassions	q. n. guidassions
ils guérirent	ils guettèrent	ils guidèrent

[1] *Prononcez gou.* — [2] *Prononcez ka.* — [3] *Prononcez buce.*

ils graduent	ils grappillent	ils gratifient
ils gradueront	ils grappilleront	ils gratifieront
je graduerai	je grappillerai	je gratifierai
ils glanaient	ils gouvernaient	ils gesticulaient
ils glissèrent	ils griffonnèrent	ils gaspillèrent
n. grondions	n. gambadions	n. gravions

NOMS PROPRES

Grégoire	Gratien	Gaspard	Gaston
Gabrielle	Gustave	Georges	Gaëtan
Gervais	Germaine	Gertrude	Guillaume

HOMMES REMARQUABLES

Galère	Gallien	Gall	Galba
Gœthe	Gondebaud	Gonzalve	Gontran
Germanicus	Gesner	Géricault	Genseric
Gracchus	Gassendi	Greuze	Gresset
Gilbert	Girodet	Gibbon	Giotto
Guise	Goujon	Gluck	Guttemberg

GÉOGRAPHIE

Gaillac	Gaëte	Gallipoli	Gap
Gand	Gange	Gannat	Groënland
Grenoble	Grenade	Grèce	Greenwich
Grasse	Gray	Gravelines	Gratz
Gênes	Genève	Géorgie	Gers
Gisors	Gibraltar	Givet	Gien
Guadalquivir	Guatimala	Guadeloupe	Guyane
Guinegate	Guéret	Guingamp	la Guerche
Glascow	Glommen	Glocester	Guérande

NOMS EMPLOYÉS DANS L'HISTOIRE SAINTE

Gédéon	Goliath	Gamaliel	Gad
Galaad	Gabaon	Gessen	Golgotha

GEORGES ET L'ÉCHO [1]

Le petit Georges n'avait pas encore la moindre idée d'un écho.

Un jour il s'avisa de crier au milieu des prairies : « Ho ! ho ! » et il entendit sortir aussitôt les mêmes mots du bosquet voisin : « Ho ! ho ! » L'enfant étonné se mit à crier : « Qui es-tu ? » Sur quoi la voix mystérieuse reprit aussitôt : « Qui es-tu ? » Georges s'écria : « Il faut que tu sois un sot garçon. » « Sot garçon ! » répéta la voix du fond du bosquet. Pour le coup, Georges se mit en colère, et redoubla les injures qu'il envoyait vers le bois. L'écho les lui rendit toutes fidèlement. Là-dessus il chercha l'enfant qu'il supposait lui répondre, dans toute l'étendue du bocage, pour s'en venger ; mais il ne trouva personne.

Après cette recherche infructueuse, Georges courut à la maison, et se plaignit à sa mère de ce qu'un méchant garçon s'était caché dans le bois pour l'injurier :

« Pour le coup, mon fils, tu t'es trahi, et tu t'accuses toi-même, dit-elle. Apprends que tu n'as rien entendu que tes propres paroles ; car, de même que tu as plus d'une fois vu ton visage réfléchi dans l'onde, ainsi tu viens d'entendre ta propre voix dans le bois. Si tu avais crié une parole obligeante, tu n'aurais pas manqué d'en recevoir une pareille. C'est ainsi qu'il arrive toujours ici-bas. La conduite des autres à notre égard est ordinairement l'écho de la nôtre ; si nous en usons honnêtement avec eux, ils en useront de même avec nous ; mais si nous sommes durs et grossiers envers nos semblables, nous ne pourrons rien attendre de mieux de leur part. »

(1) On appelle écho, la répétition distincte d'un son réfléchi par un corps dur.

L'ERMITE

Un prince, fier de sa beauté, non moins que de ses richesses et de son rang, alla chasser un jour dans une contrée solitaire, au milieu des montagnes. Il aperçut un vieux ermite, qui, assis devant la cellule, considérait une tête de mort avec beaucoup de gravité.

Le prince, s'approchant du vieillard, lui dit avec un air moqueur : « Bon homme, pourquoi considérez-vous cette tête de mort avec tant d'attention, et que voulez-vous y découvrir ? » L'ermite lui répondit, en le regardant d'un air sérieux : « Je voudrais savoir si c'est le crâne d'un prince ou d'un mendiant, mais je n'en puis venir à bout. »

———

On aime à relever celui qui s'humilie,
On rabaisse celui qui cherche à se vanter ;
Pour obtenir l'éloge il faut le mériter,
En montrant ses talents moins que sa modestie.

———

Qui s'élève trop s'avilit :
De la vanité naît la honte.
C'est par l'orgueil qu'on est petit.
On est grand quand on le surmonte.

———

CHAPITRE XI

H

RÈGLES PARTICULIÈRES A LA LETTRE H

La lettre **h** *est une lettre nulle. Elle n'a quelque valeur qu'après les consonnes* **c** *et* **p**, *qu'elle modifie :* **ch. ph.**

ph = f

philosophe	phare	phalange	Philomèle
triomphe	physique	Joseph	camphre

Dans les exercices suivants, la lettre **h** *est aspirée dans les mots marqués d'une astérisque.*

hor   har   her   hur   his   hos   hec

horreur	horlogerie	hortensia	horticulteur
*harceler	*harde	*hardiesse	*hardiment
herbacé	herbier	herbivore	herborisation
*hurlement	*hurler	*hurleur	hurtage
*hormis	*hors-d'œuvre	horrible	horticulture
harmoniser	*harnachement	*harnais	*harpon
hermétique	hermine	*herse	herculéen
histoire	historien	historique	historiographe
hospice	hospitalier	hostie	hostilement
hippique	hippodrome	hippopotame	hirondelle
*halle	*hallebardier	hallucination	hallali [1]
habileté	habilement	habillement	habitation
habituel	*hâblerie	*hachis	*hagard
*haie	*haïe	*haïr	haïssable
*hamac [2]	hameçon	*hangar	*haire
*haquenée	*hanneton	*harangueur	*harasser

[1] *Prononcez* alali. — [2] *Prononcez* mak.

*hareng	*haricot	*haridelle	*harangue
*hasard	*hasardeux	*hâtif	*hâtivement
*hausser	*hautbois	*hautain	*hautesse
*havre-sac	hebdomadaire	héberger	hébraïque
hectare	hectogramme	hectolitre	hectomètre
hébreu	hégire	hélas	*héron
*hein!	*hom ! [1]	*heu !	*hem ! [2]
hélianthe	hélice	héliotrope	Hélicon
hématite	hémicycle	hémiptère	hémisphère
hémistiche	hémorrhagie	*hennissement [3]	hendécagone [4]
hépatique	heptaèdre	heptagone	heptandrie
*héraut	héréditaire	hérésiarque	*hérissement
*hérisson	héritière	héroïne	héroïsme
hésitation	hétérodoxe	hétérogène	hétéroclite

heu hon hou hui

heureux	*heurt [5]	*heurter	*heurtoir
hexaèdre	hexagone	hexaphylle	hexamètre
*hideux	hier	*hiérarchie	hiéroglyphe
hivernage	hiver	*hibou	*hisser
*hochement	*hobereau	*hoquet	*hotte
holocauste	*homard	homicide	hommage
homœopathie	homogène	homonyme	homologue
*honteux	honnête	honorable	honorifique
hôpital	horizontal	horoscope	*hoqueton
hôtel	hôtellerie	*Hottentot	*hochet
*houblon	*houlette	*houille	*houillère
*houppelande	*houspiller	*houssine	*houssoir
*huguenot	huissier	huisserie	*huitaine
huilier	humidité	humiliation	humus
humain	humble	humecter	humoriste
huis clos [6]	*huée	*hue !	*hutte
hydraulique	hydre	hydrogène	hydromel
hydrophobie	hydropisie	hyène	hygiène

[1] *Prononcez* home. — [2] *Prononcez* hème. — [3] *Prononcez* hani. — [4] *Prononcez* han.
— [5] *Prononcez* heurte. — [6] *Prononcez* u-iclo.

hymen[1]	hymne	hyperbole	hypothèse
hypocrisie	hypoténuse	hypothécaire	hypotypose
*hoyau	hiatus[2]	hyperboréen[3]	*hussard

EXERCICE SUR LES VERBES

ils hersent	ils herborisent	ils héritent
ils hersaient	ils herborisaient	ils héritaient
n. habillerons	n. habiterons	n. hasarderons
v. habillerez	v. habiterez	v. hasarderez
ils habillèrent	ils habitèrent	ils hasardèrent
ils haïront	ils hanteront	ils harponneront
ils hennissent	ils hurlent	ils haussent
ils hennissaient	ils hurlaient	ils haussaient

NOMS PROPRES

Honorine	Hortense	Hippolyte	Hyacinthe
Henri	Henriette	Herminie	Hélène
Hilaire	Hilarion	Hubert	Hégésippe
Hugues	Honoré	Hermance	Héloïse

HOMMES REMARQUABLES

Horace	Homère	Hooke	Holbach
Hoffmann	Hoche	Howard	Horatius-Coclès
Héraclite	Hérodote	Héliogabale	Hégésias
Herschell	Hercule	Helvétius	Hector
Haller	Halley	Harlay	Harvey
Haüy	Hippocrate	Humboldt	Jeanne Hachette
Hermione	Hécube	Hécate	Hiéroclès

[1] *Prononcez* imène. — [2] *Prononcez* iatuce. — [3] *Prononcez* réin.

NOMS EMPLOYÉS DANS L'HISTOIRE SAINTE

Héli	Hénoch	Hérode	Hérodiade
Héliodore	Hircan	Hazaël	Héraclée
Hébron	Haceldama	Hermopolis	Hébreux

GÉOGRAPHIE

Honfleur	Harfleur	Hombourg	Homberg
Hongrie	Hollande	Hong-Kong	Holstein
Hedjaz	Helvétie	Hérault	Hegenheim
Herculanum	Hermanstadt	Henrichemont	Hébrides
Hastings	Hazebrouck	Harlem	Harrow
Hainaut	Haïti	le Havre	la Havane
Hesse-Cassel	Ham	Hyères	Huningue
La Haye	Hambourg	Hanovre	Haddington

COMPLIMENTS DE LA JEUNE HENRIETTE

LE PAPA.

Henriette ! Henriette !

HENRIETTE.

Mon papa : c'est que je fais un superbe pâté.

LE PAPA.

Laisse-là ton pâté, ma fille, et viens dans mon cabinet.

HENRIETTE.

Mon papa, j'irai tout à l'heure.

LE PAPA.

Non, ma fille, il faut y venir tout de suite.

HENRIETTE.

Mais, j'ai écrit ma seconde page ce matin.

LE PAPA.

C'est donc bien amusant, de faire des pâtés avec du sable, une fille de six ans.

HENRIETTE, en rougissan

Mon papa, c'est pour amuser Henri.

LE PAPA.

Ne t'excuse pas, ma fille, je sais que cela t'amuse, et j'en suis bien aise. Reste enfant pour le jeu, mais sois raisonnable pour obéir à ton papa et profiter de ses leçons.

HENRIETTE.

Je n'ai plus que ce pâté-là à finir, et puis un autre, et une brioche et une galette, et puis je viens.

LE PAPA.

Comme tu voudras ; c'était pour causer ensemble de la fête de ta maman.

HENRIETTE.

La fête de maman ! Ah ! me voilà, papa..... Monsieur Henri, ne touchez pas à mes pâtés.

LE PAPA.

Eh bien ! ce n'était donc pas pour Henri que tu jouais au sable. Ne dis jamais que ce que tu penses, mon Henriette, et viens m'embrasser pour avoir quitté le jeu de si bon cœur, au nom de ta mère. Sa fête est le trente de ce mois ; que ferons-nous ?

HENRIETTE.

Nous cueillerons un beau bouquet, que nous planterons dans un biscuit de Savoie, et je lui dirai un petit compliment.

LE PAPA.

Quel compliment ?

HENRIETTE.

Maman, ta fille chérie
T'embrasse de tout son cœur ;
Elle veut à ton bonheur
Travailler toute sa vie.

5.

LE PAPA.

Mais, ma fille, tu lui as déjà dit cela il y a un an. Il faudrait lui dire quelque chose de nouveau.

HENRIETTE.

Eh bien ! mon papa, il faut me faire un petit compliment, et je l'apprendrai par cœur.

LE PAPA.

C'est à toi, ma fille, à le faire toi-même.

HENRIETTE.

Mais, mon papa, je ne sais pas faire des vers.

LE PAPA.

Alors, ma fille, fais-le en prose.

HENRIETTE.

Mais, mon papa, je ne saurai pas tourner cela comme il faut.

LE PAPA.

Mais, ma fille, qui te dit qu'il faille tourner un compliment ? Il n'y a rien à tourner. Il s'agit de dire à ta maman que tu l'aimes bien.

HENRIETTE.

Mais, mon papa, ce n'est pas un compliment cela.

LE PAPA.

Non, ma fille, c'est un sentiment, c'est une vérité ; tandis qu'un compliment n'est souvent ni l'un ni l'autre.

HENRIETTE.

Cependant, pour une fête, il faut bien dire quelque chose d'extraordinaire.

LE PAPA.

Pourquoi cela ? Est-ce que tu aimes mieux ta maman ce jour-là que les autres ?

HENRIETTE.

Non, mon papa ; mais je serais bien aise de lui dire combien je l'aime ; parce que..... le jour d'une fête..... on a plus de plaisir à se dire ces choses-là; et puis..... c'est le moment de montrer qu'on pense à sa maman, et qu'on veut la surprendre.

LE PAPA.

Crois-tu qu'elle sera surprise que tu lui dises : Maman, je t'aime.

HENRIETTE.

Non, mon papa; je le lui dis tous les jours; aussi je voudrais quelque chose de neuf.

LE PAPA.

Eh bien ! cherche.

HENRIETTE, après avoir réfléchi.

Je ne trouve rien que l'envie de lui plaire, de l'embrasser, de la rendre contente en travaillant bien, d'être toujours sa chère petite fille, et de la voir heureuse.

LE PAPA.

Eh bien ! ma fille, voilà ton compliment tout fait.

HENRIETTE.

Comment donc cela, mon papa.

LE PAPA.

Oui, dis-lui ce que tu viens de dire.

HENRIETTE.

Mais, si tu mettais cela en vers.

LE PAPA.

Je le gâterais vraisemblablement.

HENRIETTE.

Oh ! non, mon papa; je t'en prie, arrange-moi cela; je l'apprendrai par cœur, et je le réciterai à maman.

DE PAPA.

Tu prouveras que tu as de la mémoire, voilà tout.

HENRIETTE.

Mais, mon papa, quoique je l'apprenne par cœur, puisque je le pense, je le dirai aussi du fond du cœur.

LE PAPA

Je vais y songer, ma fille ; et si je réussis à rendre tes idées,
je te consulterai.

HENRIETTE.

Oh ! mon papa, je suis sûre que tu réussiras.

LE PAPA.

Pourquoi cela ?

HENRIETTE.

Oh ! parce que tu aimes bien maman, et que tu m'aimes
bien aussi : il y a deux raisons pour une.

LE PAPA, écrivant au crayon.

> Quand de te fêter j'ai l'envie,
> Qui pourrait m'embarrasser ?
> Je t'aime et je viens t'embrasser
> Comme tous les jours de ma vie.

HENRIETTE.

Mon papa, c'est un peu tourné, cela,

LE PAPA.

Tu as raison. Voyons (Il écrit :)

> Maman, pour te fêter mieux,
> Je voudrais être plus grande.
> Qu'aujourd'hui ton cœur m'entende
> Et devine dans mes yeux.
> Faible enfant tout m'embarrasse ;
> Hélas ! que puis-je sans toi ?
> Il faut, pour que je t'embrasse,
> Que tu te baisses vers moi.

HENRIETTE.

Voilà qui me convient, mon papa ; mais je voudrais dire
aussi quelque chose pour mon petit Henri.

LE PAPA.

Volontiers. (Écrivant) :

> Henri t'adresse aussi ses petits compliments ;
> Mon frère et moi nous voulons si bien faire,
> Que tu seras toujours la plus heureuse mère,
> Et nous, les plus heureux enfants.

(Contes à Henri).

Des soins que vos parents vous donnent chaque jour,
Que votre attachement soit une récompense;
Qu'ils doivent vos efforts et votre obéissance
Moins aux lois du devoir qu'à celles de l'amour.

CHAPITRE XII

J

jac jar jas jam jau

jable	jabloire	jacasser	jacasserie
jachère	jacinthe	jacobin	jacobinisme
jalap [1]	jalonner	jaloux	jalousie
jadis	jaguar [2]	jacquerie	jactance
jambage	jambette	jambon	jamais
jante	janvier	jansénisme	janissaire
jardin	jardinier	jargon	jardinage
jarretière	jars	jasmin	jaspe
jauge	jaugeage	jaunâtre	jaunissant
jaillir	jaillissant	jaillissement	jais

joi jou jon join

joie	joint	joignant	jointif
joaillerie [3]	joaillier	jockey [4]	jocrisse
jovial	joyeux	joyau	joyeusement
jouet	joueur	jouir	jouissance
joufflu	joubarbe	joug [5]	Jouvence
journalier	journellement	journaliste	joûteur
jonchée	jonction	jongleur	jonquille

[1] *Prononcez* lape. — [2] *Prononcez* gu-ar. — [3] *Prononcez* jo-a-ie-rie — [4] *Prononcez* ké. — [5] *Prononcez* jougue.

jui jus jeu

Juif-errant	juiverie	juin	juillet
jubilé	juchoir	judaïque	judiciaire
judicieux	jumeau	jument	jurande
juridiction	jurisconsulte	jurisprudence	justiciable
justaucorps	jusquiame	justification	juxtaposition
Jéhovah	jérémiade	jésuitisme	junte[1]
jeu	à jeun	jeûner	jeunesse

ROIS, GRANDS HOMMES, VILLES, PROVINCES, NOMS PROPRES.

Jérémie	Jéroboam	Jéchonias	Jephté
Joram	Josaphat	Joachim	Jonathas
Jahel	Japhet	Jaddus	Jacob
Job	Joathan	Josué	Jonas
Jéhu	Jéthro	Judas	Joachas
Jacquart	Jacquemont	Jansénius	Jason
Juvénal	Jussieu	Jugurtha	Justinien
Jeanne d'Arc	Jenner	Jean Bart	Joinville
Saint Jérôme	Junot	Jupiter	Janus
Jean	Jeanne	Jenny	Joseph
Julien	Julienne	Jules	Joséphine
Jacques	Justin	Julia	Justine
Jargeau	Jamaïque	Jarnac	Jablonka
Jemmapes	Jersey	Joigny	Jouy
Jutland	Jurançon	Jouarre	Joyeuse

EXERCICE SUR LES VERBES

ils jouent	ils jouissent	ils jeûnent
je jetterai	je jouirai	je jardinerai

[1] *Prononcez* jonte.

ils jailliront	ils jeûneront	ils jardineront
ils joueraient	ils jouiraient	ils jeûneraient
ils jouèrent	ils jouirent	ils jeûnèrent
q. n. jouassions	q. n. jouissions	q. n. jeûnassions
ils se justifient	ils se juxtaposent	ils se jettent
ils se justifièrent	ils se juxtaposèrent	ils se jetèrent
je joindrai	ils joignaient	n. joindrons

JACQUES ET ANNA

Jacques et Anna se trouvant un jour tout seuls à la maison, le premier dit à sa sœur : « Viens, Anna, nous allons chercher quelque morceau friand, et nous régaler.

— Si tu peux me conduire dans un endroit où nous ne serons vus de personne, répondit Anna, je consens à être de la partie.

— Eh bien ! dit Jacques, nous irons dans la petite chambre où l'on conserve le lait ; nous y pourrons manger de la crème douce.

— Non, répondit la sœur, voilà un homme qui fend du bois dans la rue, qui ne manquerait pas de nous voir.

— En ce cas, dit Jacques, tu n'as qu'à me suivre à la cuisine : il y a du miel dans l'armoire, nous en ferons des tartines.

Mais Anna reprit encore : Tu sais bien que la voisine file, assise devant sa fenêtre ; elle nous apercevrait bien facilement.

— Allons donc manger des pommes à la cave, répartit le petit gourmand ; il y fait si noir que personne ne nous y verra.

— O mon cher frère ! dit alors Anna, crois-tu réellement que personne ne pourrait nous voir ? Ne connais-tu pas cet œil qui pénètre à travers les murs jusque dans l'obscurité ?

Jacques, frappé de cette observation, rougit, et dit à sa sœur : Tu as raison : Dieu est présent partout, et nous ne pourrions lui échapper. Je ne voudrais plus faire maintenant ce que je te proposais tout à l'heure.

Anna se réjouit de voir que son frère prenait ses paroles à

cœur, et lui fit présent d'une belle estampe, où l'on voyait entre autres choses l'œil de Dieu environné de rayons, et au bas de laquelle on lisait ces mots :

> Dieu voit tout, est partout. On a beau se cacher,
> A son œil pénétrant on ne peut se soustraire.
> Quand on pèche en secret, ce n'est pas moins pécher.
> A l'éternel témoin gardons-nous de déplaire.

C. Schmidt.

JULIE

La petite Julie était d'une figure assez gentille ; mais, ce qui vaut mieux encore, elle avait un cœur excellent. Elle était vivement émue des peines des malheureux, et n'avait jamais de plus grande joie que lorsqu'il était en son pouvoir de les soulager.

Elle disait un jour à sa mère : « Ma chère maman, je suis bien fâchée de voir tous les jours des gens qui souffrent de besoin. Comme je voudrais être riche pour leur donner tout ce qui leur manque ! On doit avoir bien du plaisir à faire sourire ceux qui voudraient pleurer. »

Sa mère l'embrassa tendrement et lui dit : « Ma chère Julie, combien je m'estime heureuse de te voir de si bons sentiments ! Tant que tu les conserveras dans ton cœur, tu ne peux manquer d'être heureuse toi-même. »

Son père, qui l'avait entendue, accourut vers elle, et lui dit qu'il l'aimait encore plus en la voyant si bonne, et que tout le monde aussi l'en aimerait davantage ; en même temps, il tira sa bourse, et lui donna toutes les petites pièces de cuivre et d'argent qu'il avait, afin qu'elle pût satisfaire son goût pour la bienfaisance.

Quelques heures après, Julie, accompagnée de sa bonne, alla chez une de ses amies qui demeurait à une certaine distance de sa maison. Vers le milieu du chemin, elles trouvèrent un vieil homme évanoui sur un banc de pierre, et qui mourait de faim.

Elles s'approchèrent aussitôt pour le secourir; à mesure qu'il revenait à lui-même, la bonne, en le regardant, crut le reconnaître; en effet, il était de son village, et il avait été le maître de son père. Elle fouilla dans sa poche pour y chercher de l'argent, et lui en donner; malheureusement elle l'avait oublié à la maison. Julie lui glissa tout le sien dans la main avec un sourire. Elle demanda ensuite au vieillard quel était son métier, et pourquoi il était si pauvre.

« Hélas! ma petite demoiselle, lui répondit-il, je suis un pauvre malheureux laboureur que la grêle vient de ruiner. J'étais, il y a trois jours, à la veille de faire une bonne moisson, et aujourd'hui mon petit champ n'a plus un seul épi pour me donner du pain. »

Comme il disait ces mots, ils furent enveloppés d'une troupe nombreuse de gens qui fuyaient devant un bœuf échappé. La pauvre Julie fut renversée par la foule, et le bœuf était déjà près de passer sur elle et de l'écraser sous ses pieds; mais à la vue du péril que courait sa petite bienfaitrice, le vieillard, rappelant ses forces abattues, se jeta au devant de l'animal furieux, et l'écarta avec son bâton.

Ainsi l'aimable Julie eut le double plaisir d'avoir fait une bonne action sans en attendre de récompense, et d'être cependant récompensée de cette bonne action.

Berquin.

Enfants, que tous vos traits expriment la bonté.
Faites à tout le monde un accueil favorable.
Que l'indigent par vous ne soit pas rebuté :
Un pauvre bien reçu s'en va moins misérable.

JENNER

(DÉCOUVERTE DE LA VACCINE).

Il n'y a pas encore longtemps, mes amis, une soixantaine d'années, lorsqu'une mère avait sur ses genoux un petit ange au visage frais et rose, souvent elle était triste et soupirait en le regardant. Hélas, se disait-elle, faudra-t-il que cette charmante figure devienne méconnaissable ; que ces traits si fins, si réguliers disparaissent un jour ! Puis, elle ajoutait tout bas : Mon Dieu, conservez-moi mon enfant, mais comme il est aujourd'hui, tel que vous me l'avez donné !.... Ah ! c'est qu'il y avait alors, mes petits amis, une maladie affreuse, l'effroi des familles, le désespoir des mères ; fléau qui faisait une quantité de victimes et qui laissait les plus hideuses traces chez ceux dont il avait épargné les jours : c'était *la petite vérole.*

Un célèbre médecin anglais, nommé Jenner, appelé souvent pour donner ses soins à des personnes atteintes de cette dangereuse maladie, cherchait depuis longtemps les moyens de la combattre sans pouvoir arriver à aucun résultat, lorsqu'un jour le hasard, ou plutôt le doigt de Dieu, lui fit faire la rencontre d'une bonne femme qui lui dit n'avoir rien à craindre de la petite vérole. « Comment cela, demanda le docteur étonné ? — Rien de plus simple, répondit la vieille : nos vaches ont souvent aux pis des boutons qui s'y développent. Si, en les trayant, le liquide contenu dans ces boutons s'introduit dans nos mains et nous fait contracter des pustules (1), alors nous en sommes exempts. »

Cette phrase fut un trait de lumière pour Jenner ; il s'en alla chez lui tout préoccupé et ne pensa plus qu'à vérifier le fait, qu'à en faire l'application. Après vingt années d'un travail assidu, après de nombreuses expériences et de minutieuses recherches, son zèle fut récompensé du plus éclatant succès, et il put jouir enfin du fruit de sa précieuse découverte. Les gouvernements protégèrent la vaccine ; les médecins mirent le plus

(1) Petite tumeur qui suppure à son sommet.

grand zèle à sa propagation, et bientôt des milliers d'hommes furent arrachés à une mort inévitable. Aujourd'hui la vaccine est pratiquée chez tous les peuples civilisés.

Que de reconnaissance ne devons-nous pas, mes enfants, à celui qui est parvenu à délivrer le genre humain du fléau le plus destructeur et le plus généralement répandu !

Jenner était simple dans ses goûts et dépourvu d'ambition. Je me trompe, il en avait une, la plus belle de toutes : celle d'être utile à ses semblables.

Ce bienfaiteur de l'humanité mourut en 1823, âgé de soixante-quatorze ans.

CHAPITRE XIII

K

kilogramme	kilolitre	kilomètre	kiosque
kermesse	kirsch-wasser [1]	knout [2]	kakatoès
Kremlin	kirielle	kreutzer	Kabyle
khan	kanguroo	képi	keepsake [3]

HOMMES REMARQUABLES

Kellermann	Képler	Kléber	à Kempis

GÉOGRAPHIE

Kaboul	Kaféristan	Kainsk	Kerrouk
Kent	Kherson	Khiva	Kachira
Kamtchatka	Kangourous	Kedjé	Kiel
Kenilworth	Kœnigsberg	Karaboussa	Kalgouiev

[1] *Prononcez* kirche. [2] — *Prononcez* te. — [3] *Prononcez* kipsèke.

MAXIME

Maxime, dès son plus jeune âge, avait montré beaucoup
d'avidité pour tout ce qui s'appelle bonbon et friandises. On
avait la complaisance de lui en donner de temps en temps;
mais comme ce qu'on lui donnait n'était rien en comparaison
de ce qu'il désirait, il furetait continuellement dans les buffets
et dans les armoires, pour se procurer de quoi contenter ses
désirs, et il laissait partout les traces du dégât qu'il faisait sur
les plats, et particulièrement sur les plats de pâtisserie, qu'il
aimait à la fureur.

Ses parents s'en étaient aperçus, et souvent ils lui en avaient
fait les plus vifs reproches; mais, comme il faisait toujours
quelque nouvelle fredaine, ils essayèrent d'un autre moyen
pour le corriger, et voici l'artifice qu'ils mirent en œuvre.

Comme on avait desservi le soir un pâté froid qui avait été
à peine entamé, on eut soin d'en faire préparer un autre de la
même forme; on le mit dans le buffet à la place que devait
occuper le premier; on affecta d'en laisser la clé dans un endroit où il fut facile à l'enfant de la trouver; et le lendemain
matin, quand on vit approcher l'heure du déjeuner, on vint se
cacher dans un appartement voisin, pour pouvoir être témoin
de tout ce qui se passerait.

Maxime ne fit pas attendre long-temps; il vient, il regarde
d'abord si le buffet est ouvert, il cherche la clé à son ordinaire,
il la trouve, il ouvre avec empressement : il voit le pâté, il en
ôte le dessus, et tressaillant d'allégresse, il se dispose à y porter la main; mais il voit tout-à-coup qu'au lieu des perdrix
qu'il y avait dans l'autre, il ne se trouvait dans celui-ci qu'un
tas de son, avec un morceau de carton, sur lequel on avait écrit
en gros caractères : « C'est ainsi que les gourmands s'attrapent. »

A cette vue, il rougit, il pâlit, il est tout couvert de honte et
de confusion; il le fut bien plus encore, lorsque après avoir
entendu de grands éclats de rire, il vit paraître subitement
son père, sa mère, ses frères, ses sœurs, et jusqu'aux do-

mestiques de la maison, qui tous se mirent à le huer. Il ne put alors retenir ses larmes; il était même sur le point de se trouver mal; mais son père et sa mère l'ayant rassuré, il revint à lui, leur demanda pardon, et leur promit solennellement que non-seulement il ne tomberait plus dans de pareilles fautes, mais encore qu'il leur ferait oublier sa gourmandise par sa sobriété.

Cette promesse n'a pas été comme celle de la plupart des enfants. Il a tenu parole, il la tient encore; il a souvent assuré qu'il regardait la confusion dont ses parents l'avaient accablé dans cette circonstance, comme le plus grand service qu'ils lui eussent rendu.

———

Enfants, quelque irrité que vous paraisse un père,
Croyez qu'il est toujours votre ami le plus doux.
Son cœur, en vous montrant un courroux nécessaire,
Le fait pour votre bien, et souffre plus que vous.

———

CHAPITRE XVI

L

RÈGLES PARTICULIÈRES A LA LETTRE L

l *ne se prononce pas dans les mots suivants:*

fraisil (fraisi)	chenil	outil	fenil
fusil	coutil	gentil	gril
fournil	baril	sourcil	persil

il *se prononce* **i-le** *dans :*

subtil	pistil	alguazil	profil
cil	sénil	civil	exil

il *se prononce* ie *dans :*

péril (péri-e	mil (*plante*)	grésil	babil

ill *se prononce* ie *dans :*

vrille	campanille	millet	aiguillon
quadrille	trille	dessiller	billon
résille	ciller	joaillerie	cuillerée
camomille	tillac	cuiller	guillemet

ill *se prononce* i-le *et* il-le *dans :*

ville	codicille	titiller	millionnaire
villa	pusillanime	vaciller	billion
pupille	scintiller	trillion	fourmilière
tranquille	scintillation	million	camarilla

lac lar lim lor lus lis

labeur	labyrinthe	laboratoire	laboureur
lac	lacération	lacet	lâchement
laconique	lacrymatoire	lactate	lactescent
lacune	lagune	lady [1]	ladrerie
lapidaire	laps [2]	lapis [3]	lapin
laquais	laqueux	larmoyant	larve
larcin	lardoire	largeur	larmier
larigot	larynx	lassitude	lasting
latent	latinisme	latitude	lattis
lavandière	lavis	layetier	layette
lazaret	lazzi [4]	laborieux	labial
lèchefrite	leçon	lecture	lectrice
légaliser	légataire	légendaire	légionnaire
législatif	légiste	legs [5]	légumineux
léopard	lépidoptère	lépreux	léproserie
lèse	lésinerie	lésion	lessive
lest [6]	lestement	léthargie	lettre
levain	levantine	léviathan	levier
levraut	levrette	lévrier	lézard

[1] *Prononcez* lédi. — [2] *Prononcez* lapse. — [3] *Prononcez* lapice. — [4] *Prononcez* ladzi. — [5] *Prononcez* lè. — [6] *Prononcez* leste.

lexicologie	lexicographe	libelle	libeller
libéralisme	liberticide	libraire	librement
licence	lichen [1]	licorne	licteur
ligature	ligament	lignage	ligneul
ligue	ligne	ligueur	lignite [2]
limaille	limaçon	limitrophe	limousine
limonadier	limonier	limpide	limpidité
lingère	linceul	lingot	linguistique [3]
linéaire	linière	linot	linon
liquéfier	liquéfaction	liqueur	liquoriste
lis [4]	liseré	liseron	lisière
lisse	lissoir	liste	listel
litanies	litharge	lithographie	littérature
litière	litigieux	littéraire	littoral
liturgique	lividité	livret	livraison
localité	locataire	loch	looch [5]
locomotive	locution	logarithme	logogriphe
loquace [6]	loquacité [6]	loquet	loqueteau
lorsque	lord	lorgnette	loriot
loterie	lotion	loyal	loyauté
lucarne	lucidité	Lucifer	lucratif
lumière	lumignon	lunatique	lunette
lustrer	lustre	lustrage	lustrine
luth [7]	luthérien	lutiner	lutteur
luxe	luxation	luxuriant	luzerne
lycéen	lymphatique	lynx	lyrique

lau lai leu len lon lou loi lan

laudanum [8]	laudatif	lauréat	laurier
laid	laideur	laic	lainage
laïque	laisse	laitance	laitière
liais	liaison	liane	liant
liard	liasse	liesse	lieutenant
liége	lien	lieu	lierne
lion	lionceau	lionne	loir

[1] *Prononcez* likène. — [2] *Prononcez* lig-nite. — [3] *Prononcez* gu-istique. On dit lingoual pour lingual. — [4] *Prononcez* lice. — [5] *Prononcez* lok. — [6] *Prononcez* lokoua. — [7] *Prononcez* lute. — [8] *Prononcez* nome.

loin	loi	lointain	loisir
lendemain	lenteur	lentille	lenticulaire
leude	leur	leurre	leurrer
luette	lueur	lundi	lumbago [1]
louable	louange	louer	louis
loucher	loup	loutre	louveteau
lourd	lourdement	louvoyer	louveterie
lombric	longanimité	longitudinal	longtemps
lambeau	lambin	lambourde	lambrequins
lama	lamantin	lamentation	laminoir
lambris	langage	langoureux	langueur
lanterner	lansquenet	languette	langouste
landgrave	lancier	lancette	lampion

EXERCICE SUR LES VERBES

je labourai	je lambinai	je lançai
je labourais	je lambinais	je lançais
ils labourent	ils lambinent	ils lancent
n. léguâmes	n. laissâmes	n. louâmes
ils léguèrent	ils laissèrent	ils louèrent
v. léguerez	v. laisserez	v. louerez
ils léguaient	ils laissaient	ils loueraient
je lessiverai	je lacerai	je lierai
v. lessiveriez	v. laceriez	v. lieriez
v. lûtes	v. louâtes	v. louvoyâtes

NOMS PROPRES

Laure	Laurent	Laurence	Lambert
Léonard	Léopold	Léocadie	Lisa
Louis	Louise	Lavinia	Lydie
Lucien	Lucile	Lucie	Ludovic
Léon	Léonie	Léontine	Léonide

[1] *Prononcez* lom.

GÉOGRAPHIE

Lisbonne	Livourne	Lille	Limoges
Limbourg	Lincoln	Lisieux	Lucques
Lectoure	Leicester	Leyde	Leipsick
Lépante	Leuchtenberg	Lodève	Lorient
Lunéville	Luxeuil	Luxembourg	Lutzen
Loudun	Louviers	Lons-le-Saulnier	la Louisiane
Langres	Landrecies	Lancaster	Langholm
Lausanne	Lautrec	Lauterbourg	Lauenbourg
Lorient	Lorris	Loffoden	Loches
Laon	Lyon	Lens	Liége
Loiret	Languedoc	Limousin	Lot

HOMMES REMARQUABLES

Laharpe	Lavoisier	La Bruyère	Law
Lacretelle	Lavater	Lamoignon	Laplace
Lactance	Lahire	Lauzun	Lannes
Lebrun	Lesueur	Letellier	Lesdiguières
Léonard de Vinci	Le Camoëns	Le Nôtre	Le Tasse
Lully	Lutèce	Luther	Lusignan
La Fayette	La Fontaine	Lacépède	Laocoon
La Rochefoucauld	La Rochejacquelein	La Condamine	La Pérouse
Lorrain Claude	Longin	Locke	Louvois
Lysimaque	Lysias	Lysandre	Lycurgue
Linnée	Leibnitz	Lamarck	Lamballe

LISE

Monsieur Laurent a reçu depuis peu, d'un de ses amis qui est en Amérique, un superbe perroquet, qu'il a mis dans sa chambre sur un joli petit bâton construit en acajou. Il a bien recommandé à Lise sa fille, qui cependant devrait être raison-

nable, puisqu'elle aura bientôt douze ans, de ne pas s'approcher du bâton de monsieur Jacquot, de crainte de quelque
accident.

Lise a pris la mauvaise habitude de tourmenter le chien et le
chat, animaux trop doux qui se laissent faire par elle tout ce
qui lui passe dans la tête; elle croit pouvoir de même éluder la
défense de son papa, et la petite désobéissante s'approche du
perroquet, dans l'intention de le tourmenter à son tour; mais
il s'est réfugié sur les mangeoires qui dominent le bâton; vite
mademoiselle Lise va chercher une baguette, et, de loin, elle
agace Jacquot; Jacquot n'est point fait à ce badinage; il se
fâche; il attrape le bout de la baguette, et d'un coup de bec la
fend en deux.

Ce devrait être un avertissement pour notre obstinée; mais
non, elle va chercher une chaise, grimpe dessus, et, par ce
moyen, se trouve à la portée de l'oiseau, dont elle commence
par tirer la queue. Jacquot, mécontent, pousse un cri qui la
fait rire et se retourne : Lise persiste; elle veut lui arracher
au moins une des belles plumes rouges de son aile; mais le perroquet à bout et bien plus leste qu'elle, lui attrape l'index (le
second doigt) de la main droite, ferme le bec, et emporte le
morceau. Je vous laisse à juger des cris de la petite impru-
dente. On accourut à son secours, et quand on vit comment
elle s'était attiré ce malheur, personne ne fut tenté de la plain-
dre; au contraire, on se moqua d'elle, comme elle le méritait.
Le doigt fut au moins douze jours à se guérir; mais l'aventure
eut cela de bon, qu'elle corrigea pour toujours cette enfant de
la mauvaise habitude de tourmenter les animaux.

Que cette leçon vous serve, mes petits amis; pensez que les
animaux sentent et souffrent comme nous. Ne prenez point plaisir à les tourmenter inutilement; rappelez-vous qu'on se méfie
des enfants cruels envers les animaux, parce qu'on est persuadé
qu'ils ont un mauvais cœur.

CHAPITRE XV

M

RÈGLES PARTICULIÈRES A LA LETTRE M

La lettre **m** *se prononce dans :*

Abraham	Priam	madapolam	insomnie
Amsterdam	Bairam	calomnie	somnambule
Siam	macadam	amnistie	somnolence

m *ne se prononce pas dans :*

automne	damner	condamner	condamnation

mar mer mor mur mas mes mos mol

marbre	marbrier	marc	marchand
marcassin	marcotte	margelle	marguillier
marmelade	marmotte	marqueterie	Marseillais
marécage	maréchaussée	maréchal	maroquin
martyr	martelage	marquisat	martingale
mercantile	mercenaire	mercier	mercure
merlan	merveille	mercredi	merrain
mortaise	mortification	mortier	mortuaire
moribond	morigéner	morillon	morose
murmure	murmurer	mirliflore	mirliton
museau	musaraigne	muselière	musicien
musc	muscadin	muscle	musculaire
multiflore	multiplication	multiple	multitude
malfaisant	malfaiteur	malgré	malpropre
maltraiter	malveillance	malséant	malsain
molleton	mollement	mollusque	mollasse

mascarade	mascaron	masculin	mastication
massacre	massepain	massif	massue
mesmérisme	mesquin	mesquinement	mesquinerie
messager	messidor	messieurs	Messie
mosquée	missel	missionnaire	mistral
myrthe	myrrhe	mystère	mystification
misaine	misérable	miséricorde	misanthropie

mai main mon man mou mous

maigre	maigrelet	maigreur	maisonnette
mail	maillet	mailloche	maillure
main	maintenant	maintien	main-d'œuvre
maire	mais	maïs	maîtresse
maudire	maugréer	mausolée	maussade
meuble	meulière	meunier	meurtrier
miasme	miaulement	mielleux	miette
moellon	mœurs[1]	moignon[2]	moindre
moisson	moineau	moisir	moine
moyen	moyeu	moyenne	moyennant
muable	muer	muet	muette
manchot	manchette	mandataire	mandarin
manifeste	manivelle	manufacture	manuscrit
manducation	manganèse	mangeoire	mandement
manipulation	manière	manoir	manœuvre
membrane	membrure	mendiant	mensonger
ménestrel	menotte	menuisier	ménagère
mensuel	mentionner	mentor[3]	menthe
mémorial	ménager	menuet	ménétrier
monceau	mondain	mondainement	mondanité
monotone	monosyllabe	monument	monopole
monseigneur	monsieur[4]	monstrueux	monstruosité
moniteur	monarchie	monolithe	monomanie
montagnard	monticule	montueux	montagneux
monnaie	monnayeur	monastère	monotonie
mouchoir	moucherolle	mouchette	moufle

[1] *Prononcez* meurce. — [2] *Prononcez* mo. — [3] *Prononcez* min. — [4] *Prononcez* mosieu.

mouillage	mouilloir	moulage	moulin
mousquet	mousquetaire	moustique	moustiquaire
mousseron	mouron	mousseux	mouvement

---

macadam	macaroni	macaire	Macédoine
mâchefer	machiavélisme	machinal	mâchonner
maçonner	maçonnerie	maçonnique	maculer
madame	mademoiselle	madapolam	madras
madrépore	madrigal	maëstral	maëstro
magasin	magicien	magistrat	magistrature
magnanime	magnésie	magnétisme	magnifique
majeur	majesté	majestueux	majuscule
malachite[1]	maladresse	maladroit	malaisé
malavisé	maléfice	malencontreux	malignité
mamelon	mannequin	mammifère	mammouth
mappemonde	maquignon	maraîcher	marais
marraine	marronnier	mathématique	matrimonial
matador	matelas	matérialiste	maternel
Mamelouk[2]	Manichéen[3]	Mars[4]	miss[5]
maximum	mécanicien	méconnaissable	mécréant
médaillon	médiante	médecin	médicinal
médicament	Méditerranée	meeting[6]	mégisserie
mélancolique	mélodrame	mélèze	mélomanie
méphitique	méprisable	mérovingien	méritoire
métairie	métallique	métallurgie	métaphore
métayer	méteil	météore	méthodique
métaphysique	métempsycose	métaphysicien	mat[7]
métropolitain	microscopique	mignonnette	migraine
minauderie	minerai	minéralogie	miniature
minimum	ministère	Minotaure	minutieux
mitiger	mitoyen	mixtion	mixtiligne
mobilier	modiste	molécule	molester
moqueur	moraillon	motion	moralisation

[1] *Prononcez* kite. — [2] *Prononcez* louke. — [3] *Prononcez* kéin. — [4] *prononcez* marce.
— [5] *Prononcez* mice. — [6] *Prononcez* mitingue. — [7] *Prononcez* mate.

mucilagineux	mucosité	muflier	muguet
municipal	munificence	muqueux	mutisme
myosotis[1]	myriagramme	mystérieux	mythologie
miroir	milady[2]	métis[3]	mitraille

EXERCICE SUR LES VERBES

je marcherai	je magnétiserai	je maintiendrai
je marcherais	je magnétiserais	je maintiendrais
ils marcheront	ils magnétiseront	ils maintiendront
ils marchèrent	ils magnétisèrent	ils maintinrent
n. marchâmes	n. magnétisâmes	n. maintînmes
ils mastiqueront	ils massacreront	ils mangeront
v. mastiqueriez	v. massacreriez	v. mangeriez
v. mastiquerez	v. massacrerez	v. mangerez
ils meurtrissent	ils mystifient	ils se morfondent
ils meurtrissaient	ils mystifiaient	ils se morfondaient
n. mouillons	n. n. moquons	v. v. mouchez.
ils mouillèrent	ils se moquèrent	ils se mouchèrent
ils modulent	ils mugissent	ils médecinent
ils méprisaient	ils médisaient	ils marnaient
n. mortifions	n. moralisons	n. maçonnons

NOMS PROPRES

Mélanie	Modeste	Mathieu	Maxime
Michel	Marie	Marien	Marianne
Marguerite	Marthe	Marcelline	Marc
Marcel	Maurice	Mathilde	Maximilien

[1] *Prononcez* tice. — [2] *Prononcez* milédy. — [3] *Prononcez* tice.

HISTOIRE — HOMMES REMARQUABLES

Mahomet	Malebranche	Malesherbes	Malherbe
Manlius	Mansart	Mancini	Maintenon
Machiavel	Manuel	Masséna	Massillon
Mazarin	Marmontel	Mascaron	Marlborough
Michel-Ange	Millevoye	Milton	Mithridate
Montaigne	Montesquieu	Montgolfier	Montmorency
Mécène	Mesmer	Mendelssohn	Mézeray
Mozart	Murat	Mirabeau	Médicis

GÉOGRAPHIE

Madagascar	Magdebourg	Magellan	Mackenzie
Malplaquet	Manheim	Macao	Madras
Manosque	Manille	Manchester	Mantoue
Marseille	Martinique (La)	Marmande	Mazagran
Mayence	Mayenne	Mamers	Mecklembourg
Missolonghi	Mississipi	Missouri	Méditerranée
Montargis	Montmirail	Montbéliard	Montreuil
Morlaix	Morbihan	Moscou	Moskowa
Munich	Mulhouse	Munster	Metz
Meaux	Marmoutier	Mézières	Mauriac

HISTOIRE SAINTE

Moïse	Manassès	Mardochée	Melchisédech
Macchabée	Mathathias	Mathusalem	Madianites
Memphis	Mésopotamie	Moabites	Macédoine

LES DEUX SŒURS

ou

MARTHE et MARIE

Il était une fois deux petites sœurs jumelles, c'est-à-dire qu'elles étaient nées le même jour ; l'une s'appelait Marie, l'autre Marthe. Ces deux enfants se ressemblaient tellement que bien des personnes les prenaient l'une pour l'autre. Rien n'était si gracieux que ces charmantes petites; de longs cheveux blonds bouclés encadraient leurs frais visages animés par de beaux yeux bruns pleins d'intelligence. Tout le monde admirait leur gentillesse, leur taille parfaitement égale, et surtout l'extrême union qui paraissait régner entre elles. Madame Fabre, leur mère, en était ravie.

Cependant Marthe et Marie grandissaient, et, tout en conservant une grande ressemblance, devenaient bien différentes de caractères. Marie était bonne, aimable, complaisante, attentive et d'une extrême docilité envers sa maman; tandis que Marthe, n'écoutant que son orgueil, se faisait détester peu à peu par sa hauteur, son entêtement, ses brusqueries continuelles.

La pauvre mère ne tarda pas à s'apercevoir de ce changement dans la conduite de sa fille, autrefois si douce, si bonne ; elle lui en fit maintes fois des reproches ; mais c'était en vain.

L'orgueilleuse enfant ne s'apercevait pas de la méchanceté et du ridicule de ses actions, et il était fort à craindre que son cœur ne se gâtât tout à fait. Madame Fabre, que cette crainte attristait beaucoup, résolut enfin de lui donner une leçon douce, mais vive, et qui devait frapper l'intelligence de sa coupable enfant.

Un jour que Marthe et Marie, assises auprès de leur mère à la table de famille, prenaient leur frugal repas, on apporte une assiette garnie de ces jolies petites pommes, à la mine fraîche et appétissante, qu'on appelle pommes d'api.

Madame Fabre prit vivement celles qui faisaient le sommet de la pyramide empourprée, et les distribua à ses deux filles. Ces deux pommes étaient exactement pareilles; même grosseur, même forme, même couleur, même parfum. Marthe et Marie admiraient la ressemblance qu'elles avaient ensemble, image frappante de la leur propre. Enfin elles se décidèrent à y mettre la dent. Mais, ô surprise! pendant que Marie croquait sa gentille petite pomme avec une visible satisfaction, Marthe rejetait la sienne bien loin avec un air de colère et de dépit.

— Eh quoi! dit alors madame Fabre, que veut dire ceci : pourquoi, mon enfant, jetez-vous ainsi un fruit si joli et si semblable à celui de votre sœur, à qui il paraît faire tant plaisir : les deux pommes ne sont-elles pas absolument pareilles?

— Oh! bien sûr que non, chère maman, répondit Marthe; ma pomme, il est vrai, est semblable pour l'extérieur à celle de ma sœur; mais voyez comme la sienne est blanche et saine, tandis que la mienne a le cœur tout gâté.

— Vous avez raison, ma fille, dit l'excellente mère ; mais, dites-moi, que penseriez-vous de deux petites filles qui, semblables en tout à l'extérieur, comme ces deux pommes, auraient un cœur bien différent : trouveriez-vous étrange que tout le monde aimât l'une et que chacun s'éloignât de l'autre?

La petite fille baissa les yeux : elle avait compris la leçon, et l'horreur que lui avait inspirée ce fruit gâté lui fit si bien sentir la laideur de sa conduite, qu'elle prit la résolution ferme de devenir vraiment semblable à sa sœur, dont elle imita dès lors la conduite; heureuse d'avoir compris que ce n'est point un bel extérieur ni une jolie figure, mais bien les qualités du cœur, qui peuvent nous attirer une affection solide et durable.

(Nouveau Manuel des salles d'asile.)

On n'a plus, mes enfants, lorsque l'on fut coupable,
Qu'une seule ressource, et c'est le repentir.
L'homme qui se repent est encore estimable,
Et peut à la vertu promptement revenir.

CHAPITRE XVI

N

---

nai nan nau nou non nar ner nos

naïade	naïf	naïvement	naïveté
nain	naine	naître	naissance
nankin	nantir	nantissement	nankinette
naufrage	nauséabonde	nautile	nautonnier
néant	néanmoins	neige	nemmi [1]
neuf	neutre	neuvaine	newtonien [2]
niais	niaiserie	nièce	nielle
noël	nœud	noir	noirceur
noiseraie	noisetier	noisette	noix
noue	noueux	nougat	nourricier
nourrisson	nouveauté	nouvelliste	nourriture
nuage	nuageux	nuance	nuancer
nuit	nuitée	nuitamment	nuisible
noyade	noyau	nasilleur	nasillard
nomade	nomenclature	nominatif	nommer
nombreux	nonciature	nonchalant	non-sens [3]
nacelle	nappe	nageoire	naguères
natation	national	nativité	nation
naturaliser	naturaliste	naturel	nattier
navette	navrant	naviguer	navigable
nébuleux	nécessaire	nécessité	nec plus ultrà
nécrologie	nectaire	nectar	nécromancien
nef	néflier	négatif	négligemment
négociable	négociateur	négresse	négrillon
nénuphar	néologisme	néophyte	népotisme
netteté	nettoyage	névralgie	nez
nitrate	nitrique	nicotiane [4]	nivellement

[1] *Prononcez* na-ni. — [2] *Prononcez* neu. — [3] *Prononcez* non-san. — [4] *Prononcez* siane.

nobiliaire	noblesse	nocher	notable
notaire	notabilité	notamment	notoirement
novembre	noviciat	nullement	numéraire
numismatique	nuptial	nutrition	nymphe
narcotique	narguer	narquois	narration
nerveux	nervure	nerf[1]	nerfs[2]
nostalgie	normal	nord-est[3]	nestorien[4]

EXERCICE SUR LES VERBES

ils nagent	ils narguent	ils naviguent
ils nageaient	ils narguaient	ils naviguaient
n. nageons	n. narguons	n. naviguons
ils nagèrent	ils narguèrent	ils naviguèrent
n. nuançons	n. noircissons	n. nourrissons
je nuancerai	je noircirai	je nourrirai
je nuancerais	je noircirais	je nourrirais
v. nuancerez	v. noircirez	v. nourrirez
n. nuançâmes	n. noircîmes	n. nourrîmes
ils nivelleront	ils neutraliseront	ils naîtront

NOMS PROPRES

Nanette	Nicolas	Nelly	Noémi

HISTOIRE — HOMMES REMARQUABLES

Napoléon	Néarque	Necker	Nelson
Nemrod	Nerva	Nestorius	Newton
Néron	Ney	Nicéphore	Nicias
Nicole	Numa-Pompilius	Noailles	Nestor

1. *Prononcez* ner-fe. — 2. *Prononcez* nèr. — 3. *Prononcez* este. — 4. *Prononcez* ri-in.

HISTOIRE SAINTE

Naaman	Nabonassar	Nadab	Nabuchodonosor
Néchao	Noé	Ninus	Néhémias
Ninive	Nazareth	Naïm	Naboth

GÉOGRAPHIE

Nancy	Nankin	Nanterre	Nanteuil
Narbonne	Nassau	Nauplie	Nangasaky
Niort	Noirmoutiers	Northumberland	Nordheim
Neufchâteau	Neufchâtel	Neuville	Neuilly
Nuremberg	New-York	Noukahiva	Niémen
Niphon	Nevers	Nîmes	Noyon

NARCISSE

Quand un enfant est reconnu menteur, on ne le croit plus jamais, même quand il dit la vérité. C'est ce que disait M. Nesmond à l'un de ses fils, qui faisait un mensonge.

M. Nesmond avait deux fils, Nicolas et Narcisse. Il vit ce dernier prendre un morceau de sucre sur son secrétaire, et le manger. Il voulait le faire avouer à l'enfant, et lui pardonner ensuite sa petite gourmandise en faveur de sa sincérité.

— Narcisse, qui a pris ce morceau de sucre que j'avais mis sur mon bureau?

— Ce n'est pas moi, mon papa.

— C'est donc ton frère, car il n'y a que vous deux ici capables de cette gourmandise.

— Je ne sais pas, mon papa.

— Prends garde, Narcisse, si tu mens, si tu mens, je le saurai, et tu seras puni, d'abord pour avoir pris mon sucre et pour l'avoir mangé, ensuite pour ton mensonge, qui devient d'autant plus grave, que tu fais soupçonner ton frère.

— Ce n'est pas moi, mon papa.

— Tu t'obstines, Narcisse, tu as tort ; je puis encore te pardonner ; mais bientôt, si tu n'avoues pas ta faute, tu seras puni sans miséricorde. Songe qu'un enfant ne peut pas tromper son père !.. Je sais ce qu'il en est, mais je veux apprendre la vérité de ta bouche. Pense aussi que je ne puis accuser ton frère, puisqu'il est trop petit pour atteindre à mon bureau.

— Mais s'il a monté sur un fauteuil....

— Cette observation, mon fils, est une pure méchanceté. S'il était vrai que votre frère eût pris mon sucre, votre devoir serait de l'excuser ; au contraire, vous cherchez à mettre sur son compte une faute dont vous êtes coupable !

— Moi ! mon papa.

— Oui monsieur, vous-même, je vous ai vu, c'est tout dire.

Narcisse, tout honteux, baissa la tête et rougit. Il voulut demander pardon à son père, mais M. Nesmond l'arrêta.

— Epargnez-vous cette peine, Narcisse, lui dit-il, vos prières ne serviraient de rien.

En achevant ces mots, M. Nesmond mit lui-même un écriteau sur la tête de son fils. On y lisait en gros caractères : *menteur et méchant.*

Narcisse fut attaché, pour une journée entière, à un poteau où ses petits amis le virent et se moquèrent de lui. Il y avait deux heures qu'il était en pénitence, lorsque ce frère qu'il avait bassement accusé arriva. Ce jeune enfant alla trouver M. Nesmond : il joignit ses petites mains, mit un genou en terre, et, les larmes dans les yeux, il demanda la grâce de Narcisse.

Ce petit Nicolas était un bien aimable enfant. M. Nesmond ne voulut point désobliger ce bon frère ; l'écriteau fut ôté. Narcisse sentit encore mieux ses torts en comparant la conduite de son frère à la sienne. On dit qu'il ne retomba plus jamais dans la même faute.

Mme DE RENNEVILLE.

Il ne faut, mes enfants, ni tromper, ni mentir.
L'honnête homme toujours dit la vérité pure.
Soit pour vous excuser, soit pour vous divertir,
Ne vous permettez pas la plus faible imposture.

——

Évitez le mensonge avec un soin extrême :
Si l'on remarque en vous peu de sincérité,
    L'on ne vous croira pas, lors même
    Que vous direz la vérité

——

CHAPITRE XVII

P

——

RÈGLES PARTICULIÈRES A LA LETTRE P

La lettre **p** *se prononce dans les mots suivants :*

cap	baptismal	impromptu	stop
jalap	abrupt	exemption	croup
julep	contempteur	laps	relaps

La lettre **p** *est nulle dans les mots suivants :*

baptême	dompteur	galop	septième
baptiser	domptable	drap	loup
baptistère	dompter	promptitude	coup
sculpteur	compte	promptement	sirop
sculpter	comptoir	prompte	cheptel
sculpture	escompte	exempter	cep
indomptable	décompter	sept	camp

par pra prai pla plai plain plan pau pan pas

parc	parcellaire	parchemin	parcourir
praline	praticable	praticien	pratiquer
parcimonie	parfaire	parfum	parjure
parabolique	paraclet	parachute	paradoxe
parloir	partisan	parquet	parqueterie
paragraphe	parallèle	paralysie	paraphrase
parrain	parricide	partageable	partenaire
parapluie	paratonnerre	parasol	paravent
partial	particule	partiel	partition
parenchyme	parenthèse	paroissien	paroxysme
preuve	prairial	prairie	proie
palladium[1]	palliatif	palmaire	palmette
palmier	palmipède	palpable	palpitation
placage	placard	plafond	plagiaire
planétaire	planisphère	plâtrer	plâtrier
plaidoirie	plaidoyer	plaignant	plaine
plaindre	plainte	plain-pied	plaintif
plaisamment	plaisance	plaisanterie	plaisir
planchette	planchéier	plantain	plantureux
plastique	plastron	plausible	plausiblement
pacage	pacifier	pacotille	pactiser
page	paganisme	pagination	pagode
paladin	palais	palefrenier	paletot
palissade	palissandre	papillotte	papyrus[2]
papauté	paperasse	papeterie	papillon
paquebot	pâquerette	paquet	Pâques
paroi	parieur	pariétaire	parenté
patauger	patelin	paternel	patibulaire
patience	pâtissier	patriarcal	patriotisme
pavage	pavillon	pavois	pavoiser
payable	payement	paysage	paysan
païen	pain	paix	paisiblement
paillasse	paillette	péage	peausserie
paumelle	paupérisme	pauvresse	pauvreté

[1] *Prononcez* pal-la-diome. — [2] *Prononcez* ruce.

pamphlet	pamphlétaire	pampre	pancarte
panache	panaris	panais	panade
pansement	pantalon	panthéisme	pantoufle
panetier	panier	panégyrique	panique
pantin	pantomime	panneau	panneton
pascal	pastel	pasteur	pastille
pastoral	passoire	passibilité	passementerie
passager	passereau	possession	possessif

per pre pres peu pei pen ple pel

percepteur	perception	perchoir	percussion
préalable	préambule	précepteur	précaution
perdreau	perfectible	perforation	perméable
précaire	précieux	préconiser	précurseur
permanent	perpendiculaire	perpétuel	perplexité
prédestiné	prédiction	prédisposer	prééminence
perroquet	persécuteur	persienne	persistance
préfecture	préjugé	préliminaire	prématuré
personnel	persillade	persuasif	perturbateur
prévoyance	prévention	prêtrise	prétexte
perspicace	perspicacité	perspective	persifflage
presbytère	prescription	prescience	prescriptible
presqu'île	pressentiment	pressoir	prestidigitateur
peccadille	pécheur	pectoral	pécuniaire
pédagogie	pédagogue	pédanterie	pédantesque
pédestre	pédicure	pédoncule	Pékin
pèlerin	pélican	pelisse	pelouse
pépin	pépinière	péremptoire	pérégrination
pétard	pétillant	pétiole[1]	pétitionnaire
pétrifiant	pétrin	pétrisseur	pétulance
peuple	peuplier	peuplade	peureux
peigne	peignoir	paon[2]	paonne[3]
Pentecôte	penture	peinture	peintre
pendant	pendentif	penseur	pensionnaire
pensum[4]	pentagone	pentamètre	pentateuque

[1] *Prononcez* ciole. — [2] *Prononcez* pan. — [3] *Prononcez* pane. — [4] *Prononcez* pin-some *et* pin *pour tous les autres mots de la ligne.*

pénultième	pénurie	pénitence	pénitentiaire
péninsule	pénétration	penaud	pénalité
pelletée	pellicule	pelleterie	pelliculeux
pléonasme	plénipotentiaire	pléthore	plébéien
pleurésie	pleurnicheur	pleurs	pleuvoir
pessimiste	pestifère	pestilentiel	pestiféré

pri prin pin

prière	prieur	primaire	prismatique
primitif	primordial	prisonnier	privilége
principal	princesse	printanier	printemps
pic	picot	picotin	picoreur
pigeon	pignon	pigeonneau	pigment
pilastre	pilotis	piloner	pilule
pillage	pilier	piller	pillard
piscine	pistache	pistil[1]	pistolet
pipe	piquer	piqûre	piquet
piraterie	pirouette	pivoine	pivert
piteusement	pitoyable	pituite	pittoresque
piaffer	piaffeur	piailleur	pianiste
piocher	piocheur	pionner	pionnier
pièce	pied	piédestal	piége
pierraille	pierreux	piétiner	pieusement
pimprenelle	pinceau	pincette	pinson

plu pul pus pui pur pru

plumeau	plumassier	pluralité	plumet
plumetis	pluriel	plusieurs	pluviôse
pulvérulent	pulvérisation	pulmonie	pulsation
purgatif	purgatoire	purgation	purpurin
prudence	prud'homme	prunelle	prunellier
public	publication	publiciste	publicain
puceron	pugilat	pupille[2]	pupillaire
pureau	purement	purification	puritain
putois	putréfaction	putride	puritanisme

[1] *Prononcez* tile. — [2] *Prononcez* pi-le.

puanteur	puérilité	puîné	puisard
puissance	puissamment	puits	punch[1]
pustule	pustuleux	pusillanime	pusillanimité
punaise	punition	pygmée	pylore
pyramidal	pyrotechnique	pythonisse	pythagoricien

pro por pol plo prou proi plou poi pou pon poin

probabilité	probablement	problématique	problème
procédure	procession	proconsul	prochainement
procureur	prodigalité	prodigieux	productif
proéminence	professorat	profondeur	profusion
programme	progrès	progressif	prohibition
projectile	projection	projet	projeter
prolétaire	prolétariat	prolongation	prolixe
promenade	promettre	promotion	promulguer
pronominal	prononciation	pronostic	propagande
propension	prophétique	proportion	propitiation
proposition	propriétaire	propret	prorogation
protecteur	protestation	protocole	protestantisme
protubérance	provençal	proverbial	providentiel
provincial	provisoire	provocateur	proximité
porcelaine	porc-épic[2]	porcher	porphyre
prosaïque	prosélite	prosodie	prosateur
portail	portatif	portefaix	portefeuille
proscription	prospectus	prosternation	prospérité
portrait	portier	portion	portique
postuler	postillon	posthume	postérieurement
polka	polkeur	pollen	poltron
ploc	ploquer	ployable	ployer
plomb	plombagine	plombier	plongeon
polaire	polarisation	polarité	polémique
polichinelle	polissoir	politesse	politique
polyandrie	polygone	polypétale	polyphone
populace	populaire	population	populeux
potager	potassium	potence	potentat
poêle	poêlon	poésie	poétique

[1] *Prononcez* ponche. — [2] *Prononcez* por-képik

posage	position	posément	positivement
poids	poignant	poignard[1]	poignarder
poil	poireau	poirier	poivrier
poisson	poison	poissonneux	poisser
poitrine	poitrinaire	poitrail	poivrade
poing	poinçon	pointage	pointilleux
pomme	pommeau	pommade	pommeraie
pompe	pompier	pompeusement	ponceau
pondérable	pontifical	pontonnier	pontife
ponction	ponctuation	ponctualité	ponctuel
pouah	poucettes	pouding[2]	poudrière
pouf	pouls	poulain	poulpe
pourboire	pourceau	pourquoi	pourpoint
pourrir	pourriture	poursuivre	pourvoyeur
pousser	poussière	poussin	poussif

ps pn ph phr

psalmodie	psaume	psautier	pseudonyme
pneumatique	pneumonie	pneumonique	pneumologie
phaéton	phalange	phalanstère	pharisien
pharmacien	pharmaceutique	phase	pharynx
Phébus	phénix	phénomène	phénoménal
philanthropie	philosophie	philosophale	philotechnie
phonique	photographie	phosphore	phosphorescent
phrase	phraser	phraséologie	phrénologie
physicien	physionomie	physiognomonie	physiologiste

---

pachalik[3]	papayer[4]	papillaire[5]	parisis[6]
pathos[7]	placenta[8]	préciput[9]	présupposer[10]

---

[1] *Prononcez* po. — [2] *Prononcez* poudingue. — [3] chali. — [4] *Prononcez* pa-pé-ié. — [5] *Prononcez* pil-laire. — [6] zice. — [7] *Prononcez* toce. — [8] *Prononcez* cin. — [9] *Prononcez* pu. — [10] *Prononcez* çu.

EXERCICE SUR LES VERBES

ils pactisent	ils pacifient	ils paissent
ils pactisaient	ils pacifiaient	ils paissaient
n. palperons	n. partagerons	n. patienterons
je palpai	je partageai	je patientai
ils perfectionnèrent	ils persécutèrent	ils perforèrent
v. perfectionneriez	v. persécuteriez	v. perforeriez
n. prescrivîmes	n. prospérâmes	n. prétextâmes
je prescrirai	je prospérerai	je prétexterai
ils prescriront	ils prospéreront	ils prétexteront
ils poursuivent	ils pulvérisent	ils postulent
ils poursuivirent	ils pulvérisèrent	ils postulèrent
ils prennent	ils payent	ils peignent
n. prendrons	n. payerons	n. peignerons
ils peuvent	ils pouvaient	q. je puisse

NOMS PROPRES

Paul	Pauline	Pierre	Philémon

HOMMES REMARQUABLES — MYTHOLOGIE

Pascal	Pausanias	Pâris	Parmentier
Platon	Plaute	Plutarque	Pluche
Phidias	Phèdre	Pline	Plutus
Philoctète	Photius	Proserpine	Priam
Pythagore	Pyrrhus	Ptolémée	Pindare
Perrault	Persée	Pizarre	Pitt
Puget	Pic de la Mirandole	Pope	Poussin
Pompée	Polyeucte	Polycrate	Pollux

HISTOIRE

Pharès	Phacée	Pharaon	Ponce-Pilate
Pharamond	Philippe	Pépin le Bref	Pierre le Grand

GÉOGRAPHIE

Padoue	Palerme	Pamiers	Paramaribo
Parme	Paraguay	Parenzo	Paris
Périgueux	Péronne	Perpignan	Pérouse
Pesth	Pézenas	Pensylvanie	Saint-Pétersbourg
Poitou	Poitiers	Piémont	Pise
Postdam	Portsmouth	Portugal	Part-Jackson
Prague	Provence	Presbourg	Privas
Pondichéry	Pontoise	Pont-Audemer	Pontarlier
Philadelphie	Phrygie	Phénicie	Philisbourg
Plaisance	Plombières	Ploërmel	Plombino
Posen	Provins	Pithiviers	Puy-de-Dôme
Pampelune	Paimbœuf	Pau	Port-Mahon

PAUL

La cloche avait sonné depuis longtemps le dîner au château de Fleury, et cependant Paul Dupré, qui y passait les vacances avec sa maman, n'avait point encore paru. Madame Dupré s'inquiétait avec d'autant plus de raison qu'elle avait expressément recommandé à son fils de revenir pour cinq heures, et, qu'ayant sur lui sa montre, il ne pouvait pas ignorer l'heure qu'il était. Déjà cette bonne mère courait de tous côtés, le demandant aux domestiques, aux villageois, surtout à ceux qui paraissaient venir du bois, côté que l'enfant avait indiqué en partant, comme but de sa promenade solitaire. Personne ne l'avait vu, et l'anxiété de cette pauvre dame augmentait à chaque réponse contraire à ses espérances. Enfin Paul parut le front en sueur, les cheveux en désordre, les habits couverts de poussière. « D'où venez-vous, Paul? lui cria sa mère, du plus loin qu'elle l'aperçut; est-il possible que vous me causiez une inquiétude semblable. — Ah! pardonnez-moi, ma chère maman, répondit Paul; vous en auriez fait autant à ma place. En me promenant dans la grande allée, j'ai vu sortir d'un petit sentier le père Laurent, qui, vous ne l'ignorez pas, puisque vous lui portez souvent des secours, demeure à l'autre bout du village. Ce pauvre homme marchait assez lestement pour son âge, quoique chargé d'une énorme bourrée de bois mort. Je le saluai respectueusement en passant et je continuai mon chemin; mais à peine avais-je fait dix pas que j'entends un cri plaintif; je me retourne et je vois le malheureux Laurent abattu sous sa bourrée et ne pouvant ni se relever ni se dégager de son fardeau. Vous m'avez toujours recommandé d'être respectueux et complaisant; je cours au bon vieillard; je détache la bourrée de ses épaules, et je parviens à le remettre sur pied; mais, s'étant frappé le genou droit contre une pierre, il pouvait à peine marcher; il s'assit un moment sur l'herbe, et je voyais qu'il était dans un grand embarras, car il sentait l'impossibilité d'aller avec son bois à la maison, et, d'un autre côté, il craignait de le laisser à la merci des passants jusqu'à ce qu'il pût envoyer quelqu'un le reprendre. Vous ne savez pas ce que j'ai fait, maman? J'ai, malgré lui (car il ne le voulait pas, ce brave homme), j'ai chargé la bourrée sur mon dos, et, en me reposant de distance en distance, je suis parvenu jusqu'à sa chaumière, ou j'ai eu la satisfaction de voir le père Laurent arriver sans aucun mal. Je sentais bien qu'il serait plus de cinq heures quand je reviendrais; mais j'ai pensé qu'il valait mieux risquer de me passer de dîner que de laisser dans la peine cet honnête vieillard. Après cette explication, maman, dis-moi si tu m'en veux encore? »

Pour toute réponse, madame Dupré embrassa tendrement Paul; elle le fit rafraîchir et le conduisit à l'office, où un bon dîner acheva de rétablir ses forces.

Songez, mes chers enfants, qu'il faut que la jeunesse
Respecte les vieillards, écoute leurs discours,
Demande leurs conseils, leur donne ses secours,
Et par ses soins constants soutienne leur faiblesse.

Aux conseils des veillards accordez confiance :
Des choses de ce monde ils ont l'expérience.
Loin de vous en moquer, écoutez leurs avis :
Vous vous trouverez bien de les avoir suivis.

PARMENTIER

« Maman, disait un jour le jeune Philippe à madame Préval, je lisais dernièrement que plusieurs fois, en France, il y avait eu des disettes, la famine, et que beaucoup de personnes étaient mortes de faim ; comment cela se fait-il ? car, lorsque le blé manque, il y a des pommes de terre, ce n'est pas si bon que le pain, mais cela peut empêcher de mourir de faim. — Ta réflexion est juste, mon petit ami, répondit la mère en souriant ; seulement, tu ignores sans doute que les pommes de terre n'étaient presque pas connues en France, il y a soixante ans. — Ah ! ma bonne maman, je vous en prie, racontez-moi leur histoire. — Je le ferai d'autant plus volontiers, mon enfant, que, chose triste à dire, le nom de l'homme à qui nous devons cet immense bienfait est à peine connu dans nos campagnes ; oui, beaucoup de personnes mangent des pommes de terre sans connaître celui auquel elles en sont redevables.

« En 1771, l'académie de Besançon mit au concours un Mémoire sur les plantes qui pouvaient le mieux suppléer aux céréales (1) dans les temps de disette. Parmentier se rappela alors qu'étant prisonnier en Allemagne (2), on lui avait donné souvent, au lieu de pain, une ration d'un aliment qu'il ne connais-

(1) Dont on fait le pain.
(2) Il avait suivi l'armée comme pharmacien durant la guerre de Hanovre.

sait point à cette époque mais qu'il trouvait excellent : c'était la pomme de terre (1). Il rédigea son mémoire, concourut et obtint le prix.

« La plante connue de quelques savants seulement, il s'agissait de la répandre. Là commencèrent toutes les tribulations du bon Parmentier. La routine et l'ignorance regardaient ce tubercule (2) comme engendrant la lèpre et la fièvre. Il réfuta toutes les erreurs, et s'attacha à faire ressortir tous les avantages qu'on pouvait retirer de son emploi. Rien ne lui coûta : recherches, travaux, sollicitations, même jusqu'à d'innocents artifices.

« Parmentier obtint du roi Louis XVI 25 hectares de terre dans la plaine des Sablons, près Paris. Il les fit labourer et planter de pommes de terre. Au moment de la maturité, afin d'exciter la curiosité et l'avidité de la foule, et sachant aussi cette vérité, vieille comme le monde, que rien ne plaît comme le fruit défendu, il fit mettre des gardes pendant le jour, autour du champ, sous prétexte d'empêcher qu'on en dérobât une seule. Comme il avait bien soin de retirer les gardes la nuit, on vint lui dire un matin que des maraudeurs s'étaient introduits dans le champ et qu'ils en avaient dérobé une quantité assez considérable. — Dieu soit béni ! s'écria-t-il tout joyeux, voilà la première fois qu'un larcin cause du plaisir au volé, et, mettant une pièce d'argent dans la main de celui qui lui avait annoncé ce désastre et qui le regardait d'un air ébahi, il lui dit : Voilà pour vous récompenser de la bonne nouvelle que vous venez de m'annoncer !

« Un autre jour, Parmentier donna un grand repas où se rencontrèrent bon nombre d'hommes distingués et de savants. Les convives s'extasiaient sur la variété des mets et le goût parfait de chacun d'eux ; alors le maître de la maison, au comble de la joie, déclara, au dessert, que la pomme de terre, déguisée sous toutes les formes, avait fourni seule la substance des *mets*. Le succès le plus éclatant récompensa enfin tant de

¹ Transportée du Pérou en Europe dans les premières années du 16ᵉ siècle.
² Excroissance qui se forme à une racine.

zèle et de si ingénieux efforts; aujourd'hui la France récolte plus de cinquante millions d'hectolitres par an de ce précieux tubercule.

Parmentier, né à Montdidier, en 1737, mourut le 17 décembre 1813. On pouvait élever un monument impérissable et sans frais à sa mémoire en nommant la plante qu'il acclimata *Parmentière*, mais la routine et l'ignorance ont prévalu.

CHAPITRE XVIII

Q

RÈGLES PARTICULIÈRES A LA LETTRE Q

quadragénaire[1]	quadragésimal	quadragésime	quadrangulaire
quadrige[1]	quadrilatère	quadrumane	quadrupède
quadrupler[1]	quaker[2]	quartidi	quaternaire
quartz[1]	quartzeux	quatuor	quarto (in)
quadrille[3]	quasimodo	quaterne	quatriennal
quarantaine[3]	quarantième	quatrain	quartier
quincaillier[4]	quincaillerie	quinconce	quinquet
quinquina[4]	quintessence	quintessencier	quinzaine
quindécagone[5]	quinquagésime[6]	quinquagénaire[6]	quinquennal[7]
quintetto[5]	quintidi	quintuple	quintupler
quidam[8]	quinine	quiconque	quiproquo[9]
quibus[10]	quiet	quiétisme	quiétude
quelconque	quelquefois	quenouille	querelle
quittance	quoi	quoique	quitus
quolibet	quotidien	quotient	quotité
quai	quand	quantité	quantième
questeur[11]	questure[11]	question[12]	questionnaire[12]

[1] *Prononcez* koua *toute la ligne.* — [2] *Prononcez* kouakre. — [3] *Prononcez* ka. — [4] *Prononcez* kin. — [5] *Prononcez* kin. — [6] *Prononcez* ku-in. — [7] *Prononcez* ku-in. ku-inkène. — [8] *Prononcez* ki. — [9] *Prononcez* kiproko. — [10] *Prononcez* kui. — [11] *Prononcez* ku-ès. — [12] *Prononcez* kès.

HISTOIRE

Quinault	Quinte-Curce	Quintilien	Quélen

GÉOGRAPHIE

Quito	Quillebœuf	Quiloa	Quimper
Québec	Quedlinbourg	Querfurt	Questembert

QUÉRINE

Qu'il est beau de voir deux sœurs s'aimer tendrement ! J'en connais plusieurs qui sont toujours habillées de même, parce qu'elles ont les mêmes goûts et les mêmes inclinations. L'union des frères et sœurs fait la tranquillité des pères et mères, qui, portant leur vue dans l'avenir, ne craignent plus de laisser leurs chers enfants sans soutien dans le monde, si la mort vient les priver de la satisfaction de mettre les plus petits en état de pourvoir à leur existence.

Quérine, dont nous allons parler, était du nombre de ces enfants rares :

Élevée par une mère pleine de mérite, elle avait, avec la gaîté et l'amabilité de l'enfance, toute la raison d'une grande personne. Quérine, à huit ans, gouvernait Zoé, sa petite sœur ; mais c'était avec une complaisance et une douceur qui charmaient tout le monde. Un jour Quérine dit à sa mère : « Maman, si vous voulez, j'apprendrai à lire à ma petite sœur. — Ma chère Quérine, je crains que cette tâche ne soit bien forte pour ton âge : il faut tant de patience avec les enfants !

— Je n'en manquerai pas, maman. — Eh bien ! ma fille, essaie ; je désire que tu réussisses, car tu t'attacheras encore davantage à ta sœur, qui, dans la suite, te rendra tendresse pour tendresse. »

Quérine, ayant la permission de sa maman, s'empara de son écolière et lui donna la première leçon. Il fallait la voir, comme elle faisait la petite maman !

La jeune institutrice prit avec son élève un air sérieux, qui, en écartant le badinage, ne lui imposât cependant pas trop. Dans les commencements, les leçons furent très-courtes ; ensuite elles devinrent plus longues. Le ton doux et caressant de l'aimable Quérine, et son extrême patience, la rendirent s agréable à la petite Zoé, que l'enfant lui apportait elle-même son livre. Quelle satisfaction pour la maman ! et combien Quérine lui était chère !

Cette époque de leur vie lia les deux sœurs plus étroitement l'une à l'autre, et, comme la maman l'avait prévu, elles s'en aimèrent davantage. Quérine eut toujours pour Zoé une tendresse de mère, et Zoé s'habitua peu à peu à regarder Quérine comme une amie à qui elle devait soumettre sa conduite et jusqu'à ses pensées. Quérine était naturellement sensée et réfléchie, Zoé vive et folâtre.

Quand elles furent grandes toutes deux, Quérine évita bien des chagrins à sa sœur par sa surveillance et ses sages conseils. Ceux qui étaient témoins de leur parfaite intelligence ne pouvaient s'empêcher de dire qu'elles se devaient réciproquement leur bonheur ; car rien n'est si avantageux pour deux sœurs que de bien vivre ensemble et de s'aimer véritablement.

Combien on doit aimer ses frères et ses sœurs !
Que ces liens sont doux ! ensemble, dès l'enfance,
Unis par les devoirs, unis par la naissance,
Où trouver des amis et plus sûrs et meilleurs ?

CHAPITRE XIX

R

___

ra rai ram rau

rabâchage	rabaissement	rabattre	raboteux
rabougrir	raboutir	rabbin	rabbinisme
raccommodage	raccordement	raccourcir	raccrocher
rachat	rachitique	râcloir	raconter
radeau	radiation	radieux	radoucir
rafale	raffinerie	rafraîchir	raffermir
ragot	ragoût	ragrandir	ragréer
rajeunir	rajuster	ramage	ramadan
ralentir	ralliement	rallonge	rallumer
rameau	ramier	ramasser	ramification
ramure	ramille	ramonage	ramollissant
ramper	rance	rancir	rançonner
rancune	rancunier	ranger	ranz-des-vaches [1]
rapacité	rapetisser	rapiécer	rapidement
rappareiller	rapprocher	rapsodie	rapt [2]
raquette	raréfiant	raréfaction	rareté
raser	rasoir	rassasier	rassemblement.
ratafia	rature	râtelier	ratifier
rationnel	rationalisme	ratissoire	rattraper
ravageur	ravalement	ravaudage	ravin
ravissement	ravitailler	rayonnement	razzia [7]
racahout [3]	radoub [4]	radius [5]	rasibus [6]
raie	raide	raifort	rainette
raiponce	raisin	raisonnable	rainure
rail [8]	railway [9]	railleur	raillerie
rayon	rayure	rauque	rassis

[1] *Prononcez* rance. — [2] *Prononcez* te. — [3] *Prononcez* ou. — [4] *Prononcez* doube. — [5] *Prononcez* uce. — [6] *Prononcez* buce. — [7] rad-zia. — [8] ra-ie. — [9] rèl-ouè.

ré   rec   res   ren   rem

réactif	réaction	réagir	réalisation
réalisme	réapparition	réarpentage	réassigner
réédifier	réélire	réellement	réexportation
réimportation	réimpression	réinstallation	réintégrer
réordonner	réorganiser	réouverture	réorganisation
réunion	réunir	réussir	réussite
rebaisser	rebâtir	rébellion	rébus [1]
rebrousser	recacheter	récalcitrant	recarreler
recéler	récemment	récent	recensement
récépissé	réceptacle	réception	recercler
réchampissage	réchaud	réchauffer	rechercher
récidive	récif	réciproquement	récipiendaire
récitation	réclamation	reclouer	recoin
récolte	recommandable	réconciliable	reconnaître
reconstituer	recoupette	recouvrer	récréation
récrépir	récriminer	recruter	recrudescence
rectangle	rectifier	recteur	rectorat
recueillement	recuit	récusable	recul [2]
rédacteur	rédempteur	redescendre	reddition
redingote	réduction	réduplicatif	rédhibitoire
refaire	refaçonner	réfectoire	référendaire
réfléchir	réflecteur	réflexion	reflux [4]
réfractaire	réfraction	refroidir	réfutation
regain	régaler	régence	régiment
règlement	réglisse	regrettable	régulier
rehausser	réhabiliter	rejoindre	réjouissance
relaps [3]	relayer	relief	religionnaire
repaître	répandre	repeindre	réparation
répercussion	répertoire	répétition	replâtrer
replonger	répréhensible	représaille	répressif
reproduction	républicain	répugnance	répulsion
requin	réquisition	requête	réquisitoire
réseau	réséda	réservoir	résignation
résistance	résiliement	résolution	résolvant

[1] *Prononcez* buce. — [2] *Prononcez* cule. — [3] *Prononcez* lap-se. — [4] *Prononcez* flu.

respect [1]	respectueux	resplendissant	responsable
résultat	résurrection	résoudre	résolument
restaurant	ressusciter	restitution	restriction
retardataire	reteindre	retentissant	réticence
retordre	rétractation	retrait	retranchement
rétrécissement	rétroactif	rétrograde	retroussis
revanche	réveil	revendiquer	révolver [2]
réverbère	révérence	reversible	revirement
révocable	révoltant	révolution	révoquer
rez-de-chaussée	reptile	rédowa [3]	reine-Claude [4]
renverser	rentraiture	rentoilage	renseigner
renard	renaître	rémunération	renégat
rencaisser	renforcer	rendurcir	rencontrer
rémunérateur	renaissance	renoncule	renoncer
renchérissement	remplissage	rempailleur	remprisonner
rémission	remontrance	remorquer	rémouleur
rembrunir	remboursable	remblayer	remboîter

ri rin rien ris rus

ricanement	richard	richesse	ricin
rideau	ridicule	riflard	rien
rigidement	rigole	rigoureux	rigueur
rimailleur	rimeur	rinceau	rinçure
riposte	ripuaire	ritournelle	rituel
riverain	rivière	rivoir	rixe
risquable	risquer	rissoler	rissolette
ruban	rubéfiant	rubicond	rubrique
rudesse	rudoyer	ruer	ruelle
rugissant	rugosité	ruisseau	ruisselant
rumb [5]	ruminant	rupture	rural
rustaud	rustique	rustiquement	rustre

ro rou rom rhé rho rhu

robinet	robuste	rocailleux	rocambole
rocher	rogations	rognon	rognure

---

[1] *Prononcez* pè. — [2] *Prononcez* vère. — [3] *Prononcez* rédova. — [4] *Prononcez* klaude. — [5] *Prononcez* rombe.

roman	romancier	romarin	romain
rompre	ronce	rondelle	ronflement
roquet	rosacé	rosaire	roseraie
rossignol	rostrale	rosbif	Rossinante
rotation	rôtissoire	roturier	rotondité
royal	royalisme	royauté	roitelet
rouannette	rouerie	rouennerie	rouage
rougeole	rougeur	rouillure	rouissage
roulette	roulis	rousseur	routinier
rhéteur	rhétoricien	rhétorique	rhinocéros [1]
rhododendron	rhombe	rhomboïde	rhum [2]
rhubarbe	rhumatisme	rhumatismal	rhythme
ras [3]	rez [4]	rit [5]	rout [6]

EXERCICE SUR LES VERBES

q. je retienne	que je reprenne	que je revienne
ils retiennent	ils reprennent	ils reviennent
ils retiendront	ils reprendront	ils reviendront
je retiendrai	je reprendrai	je reviendrai
ils retinrent	ils reprirent	ils revinrent
nous retînmes	n. reprîmes	n. revînmes
ils respectèrent	ils résistèrent	ils restituèrent
n. respectâmes	n. résistâmes	n. restituâmes
ils respectent	ils résistent	ils restituent
n. rejoindrons	n. réunirons	n. réussirons
que je rejoigne	que je réunisse	que je réussisse
je rejoindrai	je réunirai	je réussirai
ils rectifieront	ils se recueilleront	ils se relayeront
je rectifierai	je me recueillerai	je me relayerai
nous risquâmes	nous révoquâmes	nous ripostâmes
nous reteindrons	nous repeindrons	nous rincerons

[1] *Prononcez* rôce. — [2] *Prononcez* rome. — [3] *Prononcez* ra. — [4] *Prononcez* ré. —
[5] *Prononcez* rite. — [6] *Prononcez* route.

NOMS PROPRES

Rose	Rosine	Rosalie	Robert
Remy	René	Rémond	Richard
Rodolphe	Raphaël	Raoul	Rachel

HOMMES REMARQUABLES. — HISTOIRE

Rabelais	Racan	Racine	Rameau
Ravaillac	Richelieu	Rubens	Ruisdaël
Réaumur	Regnard	Régulus	Retz
Robertson	Rodriguez	Robespierre	Romulus
Rollin	Rollon	Rousseau	Rembrandt

GÉOGRAPHIE

Rambouillet	Ravennes	Ratisbonne	Rastadt
Reims	Rennes	Reichstadt	Réthel
Rochefort	Rochester	Roquefort	Rochechouart
Romorantin	Rocroy	Roussillon	Roanne
Romilly	Rotterdam	Roubaix	Rhodes
Riberac	Richmond	Riom	Rio-de-Janeiro
Ryswyk	Rugen	Rueil	Rhodez

HISTOIRE SAINTE

Roboam	Ruben	Ruth	Rébecca

ROSE ET REMY

MADAME RAVENEAU.

Venez ici, Rose et Remy, j'ai à vous parler : vous vous êtes conduits fort mal aujourd'hui tous les deux : vous, Rose, vous avez pris dans le tiroir de ma commode un morceau de taffetas pour habiller votre poupée; vous, Remy, vous avez volé des poires dans le jardin..... Osez me démentir ?

ROSE.

Ma chère maman, ce chiffon ne vous sert pas, j'ai pensé que je pouvais le prendre.

MADAME RAVENEAU.

Était-il à vous, ma fille?

ROSE.

Non, maman, mais il me semble que pour un chiffon !....

MADAME RAVENEAU.

Il vous semble peut-être que ce qui est à moi vous appartient, et vous avez tort : vous n'avez rien à vous que ce que je vous donne, et encore, si vous êtes raisonnable, devez-vous le ménager pour m'éviter de la dépense. Ce n'est, dites-vous, qu'un chiffon ! êtes-vous en âge de juger de l'utilité de ce morceau de taffetas? Non : vous devez donc n'y pas toucher, et, en général, ne toucher à rien, si ce n'est aux choses qu'on vous abandonne; vous ne devez pas même y toucher pour les changer de place, ni porter un œil curieux sur ce que renferme une commode, une armoire; une petite fille bien élevée évite, au contraire, de porter la vue sur les effets qui y sont contenus. Vous avez fait plusieurs fautes : vous avez été indiscrète en ouvrant ma commode; curieuse en examinant ce qu'elle renfermait, et, de plus, vous avez pris ce qui n'était pas à vous, faute très-grave..... n'y revenez plus , je vous prie , ou je vous punirai sévèrement.

Quant à vous, Remy, qui avez volé des poires, vos torts sont encore plus grands que ceux de votre sœur; d'abord, parce qu'étant plus âgé, vous devez être plus raisonnable, et parce qu'ayant à discrétion des fruits et d'autres friandises, vous n'avez aucun sujet d'excuse; ainsi, à l'action honteuse de prendre en cachette ce qui n'est pas à vous, vous joignez la gloutonnerie; vous risquez, pour satisfaire votre gourmandise, de vous rendre malade, de faire soupçonner d'honnêtes domestiques, et de détruire notre tranquillité intérieure en détruisant la confiance que nous avons en eux; car, telle est l'opinion commune : celui qui prend un fruit peut en prendre cent; il n'y a qu'un pas d'une faute prétendue légère en ce genre à un grand crime.

REMY.

Maman, si c'était chez les autres..... mais chez vous !

MADAME RAVENEAU.

Toujours la même erreur..... Comment, mon fils, respecterez-vous moins la maison de votre père que celle d'un étranger? c'est par de semblables raisonnements qu'on tombe peu à peu dans le vice. Cartouche commença aussi par voler des pommes, et vous savez qu'il porta sa tête sur un échafaud.....

REMY (tombant aux genoux de sa mère).

Grâce ! grâce ! ma chère maman ! n'ajoutez rien de plus, vous me faites frémir ! j'ignorais ma faute; je croyais cacher ma gourmandise; mais je ne soupçonnais pas le vol ! pardonnez-moi, je vous en prie.

MADAME RAVENEAU.

Mon cher enfant, je vous pardonne pour cette fois; mais désormais ayez pour principe de ne rien faire en cachette; car dès l'instant que vous vous cachez pour agir, vous sentez que vous faites mal, et vous devez vous arrêter. En second lieu, ne prenez jamais rien sans permission, même à vos parents, et n'oubliez point qu'une âme délicate suit à la rigueur ce commandement de Dieu : *Le bien d'autrui tu ne prendras.*

Les deux petits coupables, honteux de leurs vilaines actions, promirent à leur mère de ne jamais recommencer. Ils tinrent parole, et on dit que toute leur vie ils eurent sur ce point la plus grande délicatesse.

———

Il faut, mes chers enfants, joindre au vif repentir
La ferme volonté de n'être plus coupable,
Celui qui peut ainsi de ses fautes sortir
En est, s'il est possible, encor plus honorable.

———

CHAPITRE XX

S

———

RÈGLES PARTICULIÈRES A LA LETTRE S

La lettre s est nulle à la fin des mots suivants :

ours	compas	sens-commun	guérillas
os	confins	non-sens	ananas
chas	campos	indivis	matras
chaos	ras	huis	alors

La lettre s se prononce z dans :

transit	transition	transaction	balsamique
transitif	transitoire	transiger	Alsace
intransitif	transalpin	balsamine	Alsacien

Mais elle garde sa prononciation dans :

transir	transissement

La lettre s se prononce à la fin des mots suivants :

Atlas	burnous	rhinocéros	mordicus
Argus	prospectus	rébus	métis
angelus	papyrus	relaps	Madras
Albinos	parisis	rasibus	maïs
as	volubilis	sus	gratis
chorus	vasistas	sens	gibus
cens	virus	stras	hiatus
cassis	Adonis	tumulus	hélas
calus	Némésis	typhus	iris
cactus	Phébus	tétanos	orchis
Cortès	Thémis	myosotis	spahis

La lettre s se prononce z entre deux voyelles. Ex. :

complaisance	poison	ruse	médisance
arrosoir	garnisaire	raisin	misère
raisonnable	maison	rosier	visage

Excepté dans les mots suivants où elle conserve sa prononciation :

désuétude	préséance	contresigner	entresol
parasol	présupposer	vraisemblance	monosyllabe

sac   sal   sar   sai   sau   san

sabbat [1]	sabbatique [2]	sabler	sablier
sablonneux	sablonnière	sabord	sabotier
sac	saccade	saccageur	sacerdotal
sacoche	sacrement	sacrifier	sacrilége
sacristain	sacrum	safran	safranière
sagacité	sagesse	sagittaire	sagouin
salamandre	salin	salubrité	salutaire
salmigondis	salpêtre	salsifis	saltimbanque
sapajou	saphir	sapience [3]	sapinière
Satan	satanique	satirique	satisfaction
savant	savetier	saveur	savonnage

[1] *Prononcez* sabat. — [2] *Prononcez* sabatique. — [3] *Prononcez* piance.

sarigue	sarriette	sarrasin	sarabande
sarbacane	sarcastique	sarcophage	sardonique
saignant	saillant	saignement	saillie
saisissant	saison	saisissement	saisie
saindoux	sainfoin	saintement	sainement
saucière	saucisson	sauf	saugrenu
saumure	saupoudrer	saussaie	sauterelle
sauvageon	sauvegarde	sautoir	sautiller
sanguin	sanguinaire	sanguinolent	sangsue
sanctification	sanctionner	sanctuaire	sanctus
sandale	sandaraque	sanglant	sanglier
sansonnet	sanitaire	sanhédrin [1]	sans-souci

sec sep ser seu sei

séance	seau	seigle	seigneur
seigneurial	seize	seizième	seing
sécante	sécateur	séchoir	seconder [2]
secouer	secourir	secousse	sécheresse
secrétaire	secrétariat	séculaire	séculier
sectateur	section	sectaire	sectatrice
sédentaire	séditieux	séduction	séduire
séjourner	sel	sellette	sellier
sévèrement	seul	seuil	sevrer
septante	septembre	septentrion	septuagésime
sépulcral	séquestration	séraphin	séraphique
serein	sérénissime	sérieux	seringat
serfouette	sergent	sermonaire	serf [3]
serpolet	serrurier	serrurerie	serviette
sésame	sessile	session	sétacé
sexagénaire	sexagésime	sextuple	sextil
semaille	semaine	semainier	sémillant
semblant	semblable	semblablement	sempiternel [4]
semelle	semence	semestriel	séminaire
sénatorial	sénéchal	sénéchaussée	seneçon

[1] *Prononcez* sanédrin. — [2] *Prononcez* gon. — [3] *Prononcez* sèr-fe. — [4] *Prononcez* sim.

sens [1]	sens-commun	sensibilité	sensitive
sensualiste	sentencieux	sentier	sentinelle

sin sien

siamoise	sicaire	siccatif	sicilienne
sifflet	sifflement	signal	significatif
signet [2]	signataire	signifiant	signalement
singe	singerie	singulier	singularité
sinapisme	sinécure	sinistre	sinuosité
sien	sienne	siéger	sieste
simagrée	simarre	similitude	similaire
simplement	simplicité	simplifier	simplification
simulacre	simultané	simultanéité	simoun [3]
siliceux	silencieux	silhouette	silex
sillage	sillon	sillonner	silicium [4]
sirène	siphon	situation	sixain

sol sor soi som son soup sour sous

sobriquet	sociable	socialisme	sociétaire
solaire	solécisme	soleil	solidairement
solennel [6]	solennité	solennisation	solenniser
solfége	solstice	solvabilité	sollicitude
sophisme	sopha	sophistique	sophiste
sortilége	sorcellerie	sordidement	sorbier
soierie	soin	soigneux	soif
sombrer	somptuaire	somptueux	somptuosité
sommeiller	sommaire	sommité	somnambulisme
sonder	sonner	sonnette	sonnerie
son	sonore	sonate	sonorité
soubassement	soubresaut	souchetage	soucieux
soucoupe	soudain	soudainement	soudoyer
soufflet	souffleter	souffrant	soufflure
soufrière	sougorge	souhait	souhaiter
souiller	souillure	soulagement	soulever
souligner	soulier	soulte	soumissionner

[1] *Prononcez* sanse. — [2] *Prononcez* sinet. — [3] *Prononcez* simoune. — [4] *Prononcez* ome. — [5] *Prononcez* zain. — [6] *Prononcez* la *toute la ligne.*

soupente	souplesse	soupirail	soupatoire
soupçon	soupçonner	sourcil [1]	sourciller
sournois	sourcier	sourdaud	souricière
souscription	soussigné	soustraire	soustraction
soutache	soutanelle	souterrain	soutien
souverain	souveraineté	souvenance	soutirer

sub suc suf sul sup sur sus sui

subalterne	sublimement	subordonné	subreptice
subdivision	subjonctif	submersion	subjuguer
subséquent	subsidiaire	subterfuge	subvention
substantiel	substantif	substitution	substitut
sucrin	sucrier	suçoir	sucrerie
succursale	succomber	succinct [2]	successeur
suffisamment	suffocation	suffragant	suffrage
suggestion [3]	sujétion	sulfurique	sulfureux
sulpicien	sultan	supercherie	superficiel
superlatif	superstitieux	superposer	supériorité
supplanter	supplément	supplier	suppuratif
surabondance	suranné	sureau	surenchérir
surenchère	surérogation	surexcitation	surintendant
surbaissé	surfaire	surhumain	surlendemain
surnaturel	surnuméraire	survivance	surveillant
susceptible	suscription	suspect [4]	suspicion
suspendre	sustenter	suzerain	suzeraineté
suaire	suave	suavité	suavement
suette	sueur	suie	suif
suicide	Suisse	suinter	suintement

sy syn

sycomore	sybarite	sycophante	systématique
syllabaire	syllogisme	sylphide	syllepse
symétrie	sympathie	symétrique	symbolique
synthèse	synthétique	symphonie	symptôme
synonyme	synagogue	synodal	synoptique
synchronisme	syncope	syndical	syntaxe

[1] *Prononcez* ci. — [2] *Prononcez* suk-cink-te. — [3] *Prononcez* sug-gesse-tion. —
[4] *Prononcez* pèk-te.

sb   sc   sch   sm   sp   spl   sq   st

sbire	scabieuse	scabreux	scalène
scalpel	scandale	scandaleux	scapulaire
scarabée	scaramouche	scarifier	scarlatine
sceau	scélérat	scélératesse	scellement
sceptique	scepticisme	sceptre	scène
scie	science	sciemment	scientifique
scinder	scintillant	scintillation	scintiller
scolaire	scolastique	scorie	scorbut
scorifier	scorsonère	scorpion	scorbutique
scribe	scrofulaire	scrupuleux	scrutin
schelling [1]	schérif [2]	schisme	scheik [3]
schabraque [4]	schah [4]	schako [4]	schelem [5]
smille	smiller	smilax	smectite
spacieux	spadassin	sparadrap	spasme
spath	spatule	spécial	spécieux
spécifique	specimen [6]	spectateur	spectre
spéculateur	spencer [7]	spéculer	spergule
spahis [8]	sportsman [9]	spiritueux	spiritualiser
spleen [10]	splendeur	splendide	splendidement
spoliateur	spongieux	spontané	spontanéité
squelette	squale [11]	squirre	stabilité
stagiaire	stagnant	stagnation	stathouder [12]
stalactite	stalagmite	stance	stationnaire
statu-quo [13]	steeple-chase [14]	sterling [15]	stellionat
sténographie	stentor [16]	stéréométrie	steppe
stigmate	stimulant	stipendiaire	stipulation
stoïcien	stomacal	store	strangulation
strapontin	stratagème	stratifier	strict [17]
strident	strophe	structure	stupéfaction
stupéfait	stupeur	stylobate	stylet
sassafras	segment	svelte	stuc [18]

[1] *Prononcez* helin. — [2] *Prononcez* chérife. — [3] *Prononcez* chèk. — [4] *Prononcez* cha. — [5] *Prononcez* chelemme. — [6] *Prononcez* mène. — [7] *Prononcez* spincèr. — [8] *Prononcez* spa-is. — [9] *Prononcez* mane. — [10] *Prononcez* spline. — [11] *Prononcez* skouale. — [12] *Prononcez* dère. — [13] *Prononcez* ko. — [14] *Prononcez* stiple-chèse. — [15] *Prononcez* lin. — [16] *Prononcez* stantor. — [17] *Prononcez* strik-te. — [18] *Prononcez* stuk.

EXERCICE SUR LES VERBES

ils saisiront	ils sarcleront	ils sauteront
ils saisissent	ils sarclent	ils sautent
je scarifierai	je scellerai	je scintillerai
n. scarifierions	n. scellerions	n. scintillerions
ils scarifièrent	ils scellèrent	ils scintillèrent
n. sculptâmes	n. scrutâmes	n. scorifiâmes
je sculpterai	je scruterai	je scorifierai
je me souviens	je souhaite	je soupçonne
v. v. souviendrez	v. souhaiterez	v. soupçonnerez
n. n. souvînmes	n. souhaitâmes	n. soupçonnâmes
je suspendrai	je substituerai	je superposerai
je suspendrais	je substituerais	je superposerais
je suspendis	je substituai	je superposai
n. spéculerions	n. stationnerions	n. stipulerions
ils spéculèrent	ils stationnèrent	ils stipulèrent
il sillonnera	il séquestrera	il solfiera

NOMS PROPRES

Sébastien	Séraphine	Savine	Savinien
Sylvie	Sylvain	Sylvestre	Sidonie
Stéphanie	Stéphen	Stanislas	Scolastique
Sophie	Simon	Suzanne	Symphorien

NOMS EMPLOYÉS DANS L'HISTOIRE SAINTE

Sara	Samuel	Salomon	Sardanapale
Saül	Samson	Séphora	Sem
Sarepta	Sennaar	Samarie	Sichem
Sédécias	Seleucus	Sellum	Sennachérib

HOMMES REMARQUABLES — HISTOIRE

Salluste	Saladin	Salvator-Rosa	Santeuil
Suger	Sully	Sigebert	Sigismond
Sophocle	Socrate	Solon	Sobieski
Spinosa	Schiller	Schœffer	Shakespeare [1]
Strabon	Sterne	Stuart	Staël-Hostein
Servius-Tullius	Sénèque	Sylla	Sieyès
Ségur	Sévigné	Septime-Sévère	Scœvola

GÉOGRAPHIE

Samos	Savenay	Savoie	Saxe-Weimar
Sarrebourg	Sarrebruck	Sarreguemines	Sarrelouis
Sancerre	Sandwich	Santiago	Santa-Cruz
Saratov	Sarapour	Saransk	Saragosse
Sénégal	Sénégambie	Séville	Ségovie
Sébastopol	Séez	Seyssel	Seltz
Sens	Senlis	Sancoins	Sanvic
Saumur	Saulieu	Sauveterre	Saulzoir
Siam	Sibérie	Silésie	Sicile
Solesmes	Sorlingues	Soissons	Sorgues
Souderbourg	Southampton	Sourdeval	Souvigny
Somme	Saône	Sarthe	Seine
Suède	Suisse	Suresnes	Surgères
Sceaux	Scutari	Scythie	Scherviller
Ste-Menehould	St-Yrieix	St-Brieuc	St-Fargeau
Saint-Ouen	Saint-Gothard	St-Quentin	St-Amand
Stamboul	Stettin	Strélitz	Stockolm
Smolensk	Smyrne	Strasbourg	Schelestadt

[1] *Prononcez* Chèk-spire.

STEPHANIE

Stéphanie Dorsimont était une petite fille bien étourdie. Il ne se passait pas un seul jour sans qu'elle se fît du mal à elle-même, ou qu'elle en causât à d'autres personnes. Sa maman lui avait expressément défendu de manier des couteaux et de toucher au feu ou aux bougies allumées ; mais lorsqu'elle était hors de la présence de sa maman, elle ne pensait plus à ses conseils ni à ses ordres.

On l'avait un jour laissée seule, pour quelques minutes, avec sa petite sœur Sophie. Au lieu de surveiller l'enfant, qui était plus jeune qu'elle de quelques années, elle lui laissa prendre un couteau qu'on avait oublié sur la table. La pauvre petite Sophie, ne sachant pas encore que les couteaux peuvent faire un grand mal, le prit dans ses petites mains, et se coupa, quatre doigts jusqu'aux os ; ce qui lui fit souffrir les plus vives douleurs, et la rendit estropiée d'une main pour le reste de sa vie.

Le lendemain, Stéphanie voulant ramasser une aiguille qu'elle avait laissée tomber, prit sur la table un flambeau qu'elle mit à terre. En se baissant étourdiment, elle avança sa tête si près de la bougie, que le feu prit tout d'un coup à son bonnet.

Comme le bonnet était attaché avec des épingles, il ne fut pas possible de l'enlever. La flamme eut bientôt brûlé toute sa coiffure et tous ses cheveux. Sa tête entière fut couverte de grosses ampoules. Elle en eût même sur les deux joues.

Il s'écoula bien du temps avant qu'elle pût en guérir, et, tant qu'elle vécut, il lui resta sur le visage deux grandes cicatrices, pour apprendre à tous les enfants qui la regarderaient combien ils peuvent se rendre malheureux par une étourderie d'un seul moment.

BERQUIN.

SIXTE-QUINT

Combien de fois n'ai-je pas entendu dire par des enfants : « C'est impossible, — je ne pourrai jamais, — ce n'est pas ma faute, » lorsque la maman ou le maître voulaient faire imiter un beau modèle d'écriture ou faire apprendre une leçon sans faute.

Hé bien, mes amis, ces enfants-là se trompaient, et vous vous trompez vous-mêmes quand vous répétez ces paroles. Il y a un proverbe qui dit : On peut tout ce qu'on veut. L'empereur Napoléon premier disait aussi : *Impossible n'est pas français.* Cela veut dire que quand on s'applique bien, que quand on veut sérieusement une chose, on réussit presque toujours. Dieu est assez bon pour donner à chacun de nous ce qu'il lui faut d'intelligence, afin d'être utile dans le monde, et remplir convenablement sa place ; malheur à nous si nous ne répondons pas à ses vues, à sa bonté.

Je vais vous raconter une histoire qui vous prouvera qu'on peut arriver *bien haut* quoique parti de *bien bas*, avec du travail, de l'application, et de la bonne conduite.

Cette histoire est celle d'un pâtre, d'un gardeur de pourceaux, qui devint.... devinez ! général ? non ; évêque ? vous n'y êtes pas ; ministre ? non, montez plus haut ; roi ou empereur, alors ? Oui, ce pâtre devint roi et plus que roi, il fut.... d'ailleurs lisez vous-mêmes, voici l'histoire :

Par une belle matinée de printemps, près d'une habitation modeste et d'assez chétive apparence, dépendant de la petite ville de Montalte en Italie, un jeune garçon faisait paître son troupeau. Il était assis au pied d'un arbre et paraissait absorbé par quelques pensées sérieuses (chose rare chez les enfants n'est-ce pas ?). Sa mise était pauvre, sa figure agréable, ses yeux vifs et spirituels ; toute sa personne annonçait une intelligence précoce.

Tout à coup le jeune pâtre se leva ; il venait d'apercevoir un étranger qui se dirigeait vers lui : il le salua, en le regardant avec quelque surprise, car son costume lui était inconnu ; c'était un cordelier, c'est-à-dire un religieux de l'ordre des Frères mineurs, portant un vêtement large de gros drap gris avec une ceinture de corde.

Le religieux, dis-je, s'approcha et dit au pâtre : Mon petit ami, voulez-vous bien m'enseigner le chemin d'Ascoli? [Ascoli est une ville d'Italie à quinze kilomètres de Montalte. Volontiers, monsieur, répondit le jeune homme, je veux même aller vous conduire un peu loin afin de vous éviter tout embarras. Le religieux accepta l'offre avec reconnaissance. Chemin faisant, il interrogea le pâtre sur sa famille et ses occupations, car son air aimable, ses reparties vives firent qu'il s'intéressa beaucoup à lui.

Le jeune garçon raconta son histoire en ces termes : Je me nomme Félix Peretti ; mon père est un pauvre vigneron qui a bien de la peine à élever sa nombreuse famille. Il m'a placé chez un fermier des environs afin que je puisse gagner au moins ma nourriture. Je me trouve bien malheureux dans cette position parce que j'ai un très-grand désir d'apprendre, et mon pauvre père sera toujours dans l'impossibilité de rien faire pour moi. Cette pensée me rend triste souvent, c'est ce à quoi je pensais lorsque je vous ai aperçu tout à l'heure.

Le cordelier, enchanté de voir les dispositions de Félix, lui adressa quelques paroles d'encouragement, puis le congédia, après l'avoir beaucoup remercié de sa complaisance.

Quelques semaines après cette rencontre, Peretti entrait au couvent des cordeliers. Le bon religieux qui l'avait vu, fit un rapport si favorable à ses supérieurs, sur l'esprit et les dispositions du jeune pâtre, qu'ils voulurent bien l'accepter comme élève.

Il fit de grands progrès dans les sciences, s'acquit une grande réputation, monta de place en place, et fut enfin élu *pape* à la mort de Grégoire XIII, sous le nom de *Sixte-Quint*.

Sixte-Quint déploya de vrais talents pour le gouvernement ; il purgea l'État ecclésiastique des vagabonds et des brigands qui l'infestaient, embellit Rome de monuments magnifiques et utiles, et fut enfin un des plus grands papes qui aient gouverné l'église. Il mourut en 1590, à l'age de 69 ans.

CHAPITRE XXI

T

RÈGLES PARTICULIÈRES A LA LETTRE T

*La lettre **t** est nulle dans les mots suivants :*

subit	gît	amict	respect
magnat	fût	préciput	juillet
intestat	but	instinct	débet
exarchat	béat	aspect [1]	fret

*La lettre **t** se prononce à la fin des mots suivants :*

accessit	lest	mat	heurt
aconit	test	lut	rit
transit	brut	exeat	rout
granit	dot	vivat	abrupt
prétérit	net	opiat	ouest
déficit	fat	occiput	rapt

*Le **c** et le **t** se prononcent à la fin des mots suivants :*

exact	contact	incorrect	direct
inexact	distinct	abject	indirect
tact	succinct	suspect	infect

[1] *Prononcez* aspè, respè, juillè, débè, frè.

Le **c** *se prononce seul dans :*

verdict | district | yacht

tion *se prononce* **sion**, *excepté dans les deux cas suivants:*

1° *Lorsque* **tion** *est précédé des lettres* **s** *ou* **x**. *Ex. :*

congestion	question	suggestion	mixtion
indigestion	bastion	Éphestion	digestion

2° *Dans les verbes. Ex. :*

n. chantions | n. restions | n. partions | n. montions

Excepté les verbes initier *et* balbutier, *qui font :*

n. initions[1] | n. balbutions[1] | nous portions des portions[1]

ti *se prononce souvent* **si** *lorsqu'il est suivi d'un* **e** *ou d'un* **a**

aristocratie	ineptie	confidentiel	captieux
démocratie	inertie	impartial	contentieux
diplomatie	Helvétie	partialité	superstitieux
argutie	Béotie	satiété	prétentieux
théocratie	partiel	quotient	Titien
bureaucratie	essentiel	patienter	Domitien
facétie	providentiel	impatience	égyptien
suprématie	torrentiel	ambitieux	capétien
prophétie	consubstantiel	séditieux	helvétienne
minutie	pestilentiel	factieux	égyptienne

tac   tam   tar   tra   tran   trai

tabac	tabagie	tabatière	tabernacle
tableau	tablette	tablier	tabletier
tabouret	tacheter	taciturne	tacticien
tact	tactique	taffetas	talc
talion	talisman	talonnière	talus
tamarin	tambourin	tamiser	tamponner
taquinerie	tatillon	tatouage	tâtonnement
tarabuster	tarentule	tarauder	tarière
tapageur	tapioca	tapissier	tapisserie

[1] *Prononcez* sions.

tanche	tangence	tangage	taon[1]
tanière	tannerie	tannage	tanneur
taïaut	taie	tain	taire
tailleur	taillis	taillader	taillandier
tracer	tracoir	tracasserie	tradition
tarse	tartan	tarlatane	tartrate
traduction	traducteur	trafic	trafiquer
tartine	tartrique	targette	tartelette
tragédie	tragédien	trahir	trahison
tranchant	tranchet	tranquille	tranquillité
transcendance	transcription	transfert	transformer
transport	transplanter	transposition	transversal
travestir	traversin	travailleur	trapéziforme
train	traînage	traîneau	traire
traître	traitement	traitable	traite

tem   ter   tré   trem   tes

télégraphe	télescope	telle	tellement
téméraire	témoin	témoignage	témérité
temporaire	temporiser	tempête	tempérament
ténacité	tenaille	ténèbres	ténébreux
tendance	tender[2]	tendrement	tendresse
tension	tentateur	tentation	tenture
ténuité	ténor	ténia	tenant
tétanos[3]	têtière	tétraèdre	tétrarque
térébinthe	térébenthine	térébration	térébinthacé
tergiverser	terminaison	ternissure	ternaire
trébuchet	tréfilerie	tréfonds	trémière
terrassier	terrestre	territorial	terrorisme
trépan	trépaner	trépassé	trépigner
trésor	trésillon	trésorier	trésorerie
tressaillir	tresser	tressoir	tressaillement
treillage	treillageur	treillis	treuil
trembler	tremblotant	trempe	trempoire
testacé	testament	testamentaire	testimonial
technologie	technique	te-deum	tégument

[1] *Prononcez* tan. — [2] *Prononcez* tandère. — [3] *Prononcez* noce.

teigne	teiller	teinture	teinturière
thaumaturge	théâtral	théière	théisme
théologal	théologien	théoricien	thérapeutique
thermal	thermidor	thermomètre	thésauriser
thorax	thym	thème	thyrse

tri trin tris tim

tiare	tibia	tic	tic-tac
tiède	tiédeur	le tien	la tienne
tiers [*]	tierce	tiers-état [1]	tiers-point
tige	tigresse	tilbury	tilleul
tiqueté	tirailler	tirant	tirelire
tiroir	tiret	tiretaine	tire-d'aile
tisane	tison	tisonner	tisonnier
tissage	tissu	tisser	tisserand
triage	triangle	triangulaire	triandrie
tribord	tribulation	tribun	tribunal
tricherie	tricolore	tricoter	trictrac
trident	trièdre	triennal	triglyphe
trigonométrie	trilatéral	trilogie	trimestriel
tringle	tringler	trinquart	trinquer
trinitaire	triomphal	triomphateur	triplement
tripotage	trisaïeul	trisannuel	trissyllabe
tristesse	trituration	triumvirat [2]	trivialité
timbale	timbre-poste	timbalier	timbreur
timon	timidement	timoré	timonier
tinctorial [3]	tintamarre	tintement	tintouin

tom tor tro trou tour

toast [4]	toaster	toc	tocsin
toile	toilette	toilier	toison
toge	tohu-bohu	tolérable	tolérantisme
topaze	topinambour	topographie	toquet
tomate	tombac	tome	tombeau
tondage	tonsure	tontine	tondeur

[1] *Prononcez* tlère-zétat. — [2] *Prononcez* triome. — [3] *Prononcez* tink. — [4] *Prononcez* toste.

tonnage	tonique	tonnelier	tonnellerie
tonnerre	tombant	tonneau	tombereau
toréador	torréfaction	torréfier	torrentiel
torchis	tordeur	torpille	torsade
troc	trognon	trottoir	trottiner
torsion	torticolis	tortillement	tortueux
trophée	tropical	troquer	troqueur
trombe	tromperie	trompette	trompeur
tronçon	tronquer	trône	trôner
troubadour	troubler	troupier	trouvaille
trousse	trousseau	troussequin	troussis
toucher	touffu	toujours	toupie
tourbeux	tourbière	tourbillon	tournaline
tourmenter	tournebroche	tournesol	tournevis
tourniquet	tournois	tourterelle	tourtière
Toussaint (la)	toutefois	toux	tousser

tru tur ty tym

truanderie	trubleau	truc	truelle
turban	turbot	turc	turbulence
truffe	trumeau	trusquin	truite
turf	turgescence	turpitude	turquoise
tubercule	tubuleux	tudesque	tuf
tuméfaction	tumescent	tumulaire	tumulte
tunique	tunnel [1]	tutélaire	tutoiement
type	tyran	tyrannie	typographie
tympan	tympaniser	typhus [2]	typhoïde

EXERCICE SUR LES VERBES

ils transcrivent	ils transportent	ils transgressent
n. transcrirons	n. transporterons	n. transgresserons
je transcrirai	je transporterai	je transgresserai

[1] *Prononcez* tu-nel. — [2] *Prononcez* tuce.

v. triompheriez   v. tromperiez   v. trancheriez
v. triomphâtes   v. trompâtes   v. tranchâtes
q. je triomphasse   q. je trompasse   q. je tranchasse
n. tremblâmes   n. tressaillîmes   n. travestîmes
ils tremblèrent   ils tressaillirent   ils travestirent
ils tyranniseront   ils tuyauteront   ils tirailleront
ils terrassent   ils terminent   ils ternissent
je terrasserai   je terminerai   je ternirai
n. taxerons   n. tatouerons   n. tarauderons
ils tamponneraient   ils témoigneraient   ils tondraient

GÉOGRAPHIE

Tabaristan   Taganrog   Tanger   Tarascon
Taillebourg   Tarragone   Tarbes   Tarente
Tarn   Taurus   Tamise   Tage
Téhéran   Tenasserim   Ténériffe   Terrasson
Testry   Texas   Tunis   Turin
Tobolsk   Tolbiac   Toulouse   Tournay
Thionville   Thouars   Thrace   Thébaïde
Troyes   Trévoux   Trente   Trouville
Tombouctou   Trébizonde   Transylvanie   Trieste
Tonnerre   Turkestan   Turckeim   Turquie
Tilsitt   Tyrol   Thrace   Tlemcen

NOMS PROPRES

Thérèse   Théodora   Théophile   Théobald
Thomas   Thierry   Théodule   Thimothée

HOMMES REMARQUABLES OU CONNUS DANS L'HISTOIRE ET LA MYTHOLOGIE

Tacite	Talbot	Tallien	Talleyrand
Tancrède	Tantale	Tarquin	Tasse (le)
Télémaque	Tell	Teniers	Teutatès
Térence	Tertullien	Tétricus	Toricelly
Thalès	Thémistocle	Théocrite	Théophraste
Thésée	Thucydide	Tibère	Timoléon
Tite-Live	Titien	Titus	Tibulle
Tournefort	Trajan	Turenne	Tycho-Brahé

THÉODORE ET THÉRÈSE

Les enfants sont, comme les grandes personnes, sujets à des maladies, qui, si elles n'étaient pas traitées avec un soin particulier, les enverraient dans l'autre monde : il faut, selon les cas, des tisanes quelquefois bien amères, des saignées, des sangsues, et toujours, pour achever d'amener la convalescence, des médecines qui, mauvaises au goût, produisent néanmoins un effet salutaire.

Eh bien ! croirait-on qu'il se trouve des enfants assez imprudents et assez déraisonnables pour refuser obstinément tout ce qu'on veut leur faire prendre ? il faut, pour les y décider, enduire de miel les bords du vase, ou déguiser les médicaments sous mille formes attrayantes ; encore en voit-on beaucoup ne pas se laisser prendre à toutes ces amorces.

Théodore est de ce nombre ; sa maman a vainement employé tour à tour les caresses et les menaces ; elle s'est mise presque à genoux auprès du lit, elle a été jusqu'à avaler quelques gorgées du breuvage dont l'amertume le rebute. Tout cela n'a rien produit.

Thérèse, sa sœur, qui vient comme lui d'avoir la rougeole,

en est bien moins malade, parce qu'elle a pris son mal en patience, et suivi sagement les conseils qu'on a cru devoir lui donner pendant le cours de sa maladie. Aussi sa convalescence a-t-elle été bien plus prompte que celle de son frère. Pendant que celui-ci, qui pourtant est l'aîné, sans être pour cela plus raisonnable, faisait mille façons pour boire sa médecine, sa mère, impatientée, a proposé à Thérèse de prendre la sienne. Cette aimable enfant n'a pas hésité une seule minute; et tendant la main pour recevoir la tasse, avec une grâce toute charmante : « C'est bien mauvais, dit-elle, mais puisqu'il le faut... » Et, la portant vivement à sa bouche, elle a tout avalé jusqu'à la dernière goutte, à la grande satisfaction de sa maman.

Théodore, que cet exemple aurait dû corriger, n'a pas su en profiter; au contraire, son obstination en a redoublé; et définitivement il n'a point pris sa médecine.

Savez-vous quel a été le résultat de cette conduite si différente du frère et de la sœur? Au bout de quatre à cinq jours, celle-ci a pu jouer dans le jardin avec ses petites amies, aller se promener avec son papa; enfin jouir de tous les plaisirs dont elle était privée depuis longtemps. Théodore, au contraire, toujours dans un état de malaise insupportable, est resté cloué dans un fauteuil, auprès du feu, pâle, maigre et défiguré; on craint bien qu'il ne paye de sa vie son ridicule entêtement.

CHAPITRE XXII

V

va vai vain val van vas vau

vacance	vacarme	vaccin	vaccination
vaciller [1]	vacillation [2]	vade-mecum [3]	vagabond
vagissement	vaguement	vaillantise	vaillamment

[1] *Prononcez* cil-ler. — [2] *Prononcez* cil-la. — [3] *Prononcez* vadé-mécum.

vaincre | vainqueur | vainement | vaisselle
Valenciennes | valériane | valeureux | valétudinaire
vallon | valseur | valvure | valoir
vampire | vandalisme | vantail | vanterie
vanille | vanillier | vannier | vannerie
vaporeux | varech [1] | variable | varlope
vasselage | vasculaire | Vatican | variante
vaudeville | vaurien | vautour | à vau-l'eau

vei ven ver vel

vedette | végétal | véhémence | véhicule
veille | veilleuse | veine | veineux
velléité | vélocité | velours | vélocifère
venaison | vénalité | vénéneux | vénerie
vendange | vendémiaire | vendetta [2] | vendredi
véniel | Vénus | venimeux | venin
vengeance | ventilation | ventriloque | ventouse
verbalement | verdâtre | verdoyant | verglas
véridique | Véronique | vérifier | vérification
vergeure [3] | verjus | vermeil | vermifuge
verroterie | verrouiller | versatile | vernisseur
verveine | vertébral | verste | vertigo
vésicatoire | vésiculeux | vestibule | vespétro
vétéran | vétérinaire | vétilleux | vétusté

vi vic vil vin vio vir

viager | viande | viatique | viable
vicaire | vicariat | vicennal | vice-versa
vicissitude | vicomtesse | victime | victorieux
vieux | vieille | vierge | vieillard
vigilance | vignette | vigueur | vigoureux
vilipender | villageois | villégiature | villa
vin | vinaigrette | vindicte | vindicatif
violacé | violemment | violoncelle | viorne
virgule | virtuel | virginal | virtuose
virer | virus [4] | virol | viril

[1] *Prononcez* rèk. — [2] vindet-ta. — [3] jure. — [4] ruce.

visionnaire	visière	visuel	visitandine
visser	viscère	vis [1]	visqueux
vitrail	vitrifiable	vitriol	vitrerie
vivat [2]	vivipare	vivandière	vizir

vo vol voi vul

vocabulaire	vocifération	vocaliser	voguer
volaille	volatile	volige	volumineux
volcan	volcanique	voltigeur	voltigeant
voyageur	voyelle	vouloir	voussure
voirie	voisinage	voiturier	voisin
vrai	vraiment	vraisemblable	vrille
vulgaire	vulgariser	vulgate	vulnéraire
wagon	whig [3]	whiski [4]	whist [5]

EXERCICE SUR LES VERBES

je vacillai	je vagabondai	je valsai
n. vacillâmes	n. vagabondâmes	n. valsâmes
ils vacillèrent	ils vagabondèrent	ils valsèrent
ils viennent	ils voient	ils veillent
ils vinrent	ils virent	ils veillèrent
n. vînmes	n. vîmes	n. veillâmes
je viendrai	je verrai	je veillerai
que je voguasse	que je vociférasse	que je vécusse
v. voguerez	v. vociférerez	v. vivrez
ils voguent	ils vocifèrent	ils vivent
n. vexerons	n. vengerons	n. vendrons
je vexerais	je vengerais	je vendrais

NOMS PROPRES

| Virginie | Victor | Victoire | Victorine |
| Vincent | Vrain | Valentin | Vicenta |

[1] vice. — [2] te. — [3] oui-gue. — [4] ouis-ki. — [5] ouiste.

NOMS CONNUS DANS L'HISTOIRE, LA MYTHOLOGIE, ETC.

Valère	Valérie	Valérien	Valentinien
Van Dick	Vanloo	Vauban	Vaugelas
Vossius	Volta	Volney	Voltaire
Véronèse	Vélasquez	Vercingétorix	Vergniaud
Virgile	Villars	Vitruve	Vinci (L. de)
Volumnie	Véturie	Venceslas	Vladislas
Vulcain	Vertumne	Vesta	Vénus
Walpole	Werner	Witikind	Wellington

GÉOGRAPHIE

Valence	Valençay	Valenciennes	Valmy
Valladolid	Vallelonga	Vallerangue	Valparaiso
Valachie	Valais	Varsovie	Varennes
Versailles	Verdun	Vermandois	Vérone
Vesoul	Venise	Vésuve	Vera-Cruz
Ventadour	Vendôme	Venise	Venaissin
Vaugirard	Vaucluse	Vaucouleurs	Vaudemont
Vicence	Vienne	Vierzon	Viatka
Villefranche	Villeneuve	Villers-Cotterets	Villeveyrac
Vouillé	Vaillly	Vincennes	Verneuil
Wissembourg	Wazemmes	Wintzenheim	Wasselonne
Westphalie	Westminster	Waterloo	Walsingham

VICTORINE

Victorine ne manque pas d'esprit; le mal est qu'elle en fait un mauvais usage. Epiant tout ce qui se passe chez les voisins, elle en saisit ce qu'elle peut, commente ce qu'elle n'a point vu, et fabrique de tout cela une histoire, où la malice joue le premier rôle.

Une de ses parentes, qui demeure à Paris, est venue dernièrement chez la mère de la petite, et, charmée de ses petits raisonnements, après un quart d'heure de visite, elle a demandé la permission d'emmener Victorine avec elle, et promis de la ramener à la brune. Voilà une petite fille bien contente; elle va sortir pour se rendre dans un quartier qu'elle ne connaît pas, où sa parente a la jouissance d'un joli jardin; elle doit faire la route en voiture. Oh! c'est charmant! C'est une partie délicieuse, divine! en un mot, elle ne sait quels termes employer pour exprimer sa satisfaction.

Chemin faisant, elle s'empare de la conversation, jase comme une pie, à tort et à travers, et raconte tout ce qu'elle sait ou ne sait pas sur le compte de ses petites amies.

Elle voit une pauvre femme mendier son pain au coin d'une rue : voilà, dit-elle, le sort qui attend Victoire; elle est si paresseuse, si insouciante! le tout, parce que ses parens sont riches; mais on sait ce que devient la fortune, dans les mains d'un être qui ne se rend utile à rien; aussi la fuit-on comme une peste. Il en est de même de Virginie B... Il ne tiendrait qu'à elle de se faire aimer de tout le monde, car elle possède une rare intelligence; mais c'est une pédante, et l'on ne se fera jamais à sa conversation prétentieuse. Pour Suzanne, je l'aime de tout mon cœur, elle est douce comme un mouton, mais si bête, si bête, qu'il y a de quoi mourir d'ennui avec elle. Jamais elle ne vous dit de suite quatre mots qui aient le sens commun. Céleste est la petite fille la plus mal nommée que je connaisse. Elle a un penchant diabolique à la satire, assaisonné d'une intempérance de langue insupportable. Elle parle, parle, compromettant tout le monde dans son perpétuel caquetage, qui ne ressemble pas mal au *tic-tac* assourdissant d'un moulin.

— Oh! pour le coup, ma chère Victorine, tu as bien raison, dit la parente, qui n'avait pas encore pu glisser un mot dans la conversation depuis que l'on s'était mis en route; une babillarde est, en effet, un ennuyeux personnage. Mais nous voici rendues à la maison, je crains que tu ne t'y amuses guère; je vais, si tu veux, te conduire au sommet de la grande tour de Notre-Dame; tu y jouiras d'un coup d'œil admirable.

Victorine accepta la proposition avec reconnaissance. On descendit de voiture à la porte de la maison. Madame.... se fit donner un sac de moyenne grandeur, dont se chargea son petit domestique, et tous trois montèrent les... marches dont se compose l'escalier de la tour. Vous sentez bien que ce ne fut pas en silence, au moins de la part de Victorine.

Arrivés sur la plate-forme, sa parente, qui n'y venait que pour lui donner une leçon, la pria de vider le sac qu'elle avait fait apporter. Il contenait une espèce de duvet propre à garnir un oreiller. Le tout fut abandonné au vent, à la grande surprise de notre babillarde, qui demandait, à chaque instant, à quoi bon perdre ces plumes.

— Vous allez le savoir, ma chère amie, lui répondit sa sage parente. Vous avez vu avec quelle facilité nous les avons dispersées : j'attends de vous un service que je saurai récompenser par le don de tout ce qui pourra vous être agréable : c'est d'aller bien vite au bas de la tour, me ramasser toutes ces plumes, mais toutes, entendez-vous bien ; je sais exactement le poids que contenait le sac ; il faut qu'il se retrouve, sans qu'il en manque la moindre chose.

Ici Victorine éclata de rire, et s'écria sur l'impossibilité de satisfaire à une pareille demande.

— C'est au plus, ajouta-t-elle, si par un temps calme l'on venait à bout d'en ramasser la moitié ; mais le vent qu'il fait les a emportées les unes plus, les autres moins loin ; jetées d'une semblable hauteur, il en est qui voltigent encore bien au-delà de l'enceinte de cette grande ville ; comment voulez-vous que je les recueille à présent?

— Il en est de même, ma chère amie, des médisances que l'on répand dans la société. On croit, tout au plus, avoir à se reprocher un amusement frivole, et quand on a lâché les paroles indiscrètes qui vont peut-être perdre pour jamais la réputation d'une amie, on voudrait pouvoir les retenir ; mais il n'est plus temps, et l'on se reproche éternellement un vain plaisir dont on n'a pas su prévoir les fatales conséquences.

Victorine sentit la leçon et promit de se corriger. Il reste à savoir si elle y parviendra, car, une fois qu'on en a pris l'habitude, il n'est guère plus facile de renoncer à la médisance que d'en empêcher l'effet.

Vous trouveriez affreux que, par méchanceté,
On publiât le mal que vous auriez pu faire :
Ne faites donc jamais ce tort à votre frère ,
Et pour tous ses défauts usez de charité.

Enfants, il faut toujours bien parler des absents ;
Si l'on en dit du mal, chercher à les défendre,
Faire ce qu'on ferait, s'ils pouvaient nous entendre,
Et croire, en parlant d'eux, qu'ils sont toujours présents.

CHAPITRE XXIII

X Y Z

a lettre **x** *se prononce* **ss** *dans :*

| dix | soixante | soixantième | Auxerre |
| six | soixantaine | Bruxelles | Auxonne |

x *se prononce* **z** *dans :*

| deuxième | sixième | dixièmement |
| dixième | deuxièmement | sixièmement |

x *se prononce* **gz** *dans :*

examen	exhumer	exercer	Xénophon
exaltation	exil	exubérance	Xercès
exaucer	exhiber	Xavier	xénographie
exhalaison	exister	Xaintrailles	exorbitant
exhortation	exergue	Xanthippe	exigence

x *se prononce* **cs** *dans :*

taxer	paradoxe	Alexis	Maximilien
fixement	prolixe	Félix	annexe
sexe	Alexandre	Maxime	complexion

*L'**y** s'emploie pour* **i** *ou pour deux* **i** *; il s'emploie pour un* **i** *au commencement et à la fin des mots et dans le corps des mots après une consonne :*

yatagan	style	mystère
dey	syntaxe	lycée

*L'**y** s'emploie pour deux* **i** *dans le corps d'un mot après une voyelle :*

pays	tuyau	croyance
noyer	tuyauter	crayon
royaume	joyeux	déployer

---

yacht	yatagan	yeux	yole

GÉOGRAPHIE

Yssengeaux	Yonne	Yémen	Yorck
Yanaou	Yandabou	Yani	Yapura
Yucatan	Yarmouth	Yédo	Yvetot

---

zèbre	zélateur	zéro	zénith [1]
zéphyr	zibeline	zig-zag	zinc [2]
zist	zest	zizanie	zodiaque
zoologie	zoologiste	zoophyte	zouave

[1] *Prononcez* nite. — [2] *Prononcez* sink ou zinke.

NOMS PROPRES — HISTOIRE — GÉOGRAPHIE

Zénaïde	Zoé	Zéphirine	Zélie
Zénobie	Zénon	Zacharie	Zorobabel
Zamri	Zoroastre	Zimmermann	Zaleucus
Zélande	Zanzibar	Zanguebar	Zamosk
Zuyderzée	Zurich	Zutphen	Zambèze

JEANNE D'ARC

Aujourd'hui, mes enfants, je vais vous raconter l'histoire la plus merveilleuse, la plus extraordinaire et pourtant la plus vraie qu'il soit possible d'imaginer; l'histoire d'une jeune fille, une enfant presque, qui vécut en sainte, combattit en héros et mourut en martyr : je veux vous parler de Jeanne d'Arc! Jeanne d'Arc, ce nom résume à lui seul la foi la plus vive, la bravoure poussée jusqu'à l'héroïsme, le patriotisme le plus ardent, et fait battre le cœur de tous ceux qui aiment leur pays !...

C'est en 1412, à Domremy, en Lorraine, que naquit la petite Jeanne, de parents pauvres, mais honnêtes. Dès son enfance, elle était d'un caractère doux et charmant; tout le monde l'aimait. On remarquait qu'elle ne se mêlait guère aux jeux des autres enfants de son âge, quoique bonne et obligeante pour tous. Ses occupations consistaient à mener paître, dans les beaux jours, un petit troupeau confié à sa garde, et, pendant les longues soirées d'hiver, à filer avec sa mère et à l'aider dans les soins du ménage.

Elle aimait le bon Dieu de tout son cœur: c'est vous dire, mes enfants, qu'elle chérissait et respectait ses parents, qu'elle était sage et obéissante; car un enfant qui aime Dieu remplit bien tous ses devoirs.

Elle se plaisait dans la solitude, et, quand elle était avec ses brebis sur les montagnes, elle se recueillait au milieu des beautés de la nature qui l'entouraient, et passait de longues heures en prière. Elle avait bien raison de prier, la pauvre Jeanne, car le bon Dieu paraissait si fort en colère contre notre beau pays, qu'on eût pu croire qu'il l'avait abandonné. La France, à cette époque, n'était pas cette belle France, si grande, si respectée, si paisible, que nous voyons aujourd'hui. Figurez-vous, mes bons amis, que les Anglais en possédaient une grande partie; qu'une province considérable (la Bourgogne) s'était jointe à eux en se révoltant contre son roi légitime, de sorte que Charles VII, qui régnait alors, n'avait plus que quelques villes au delà de la Loire, et que les Anglais, par dérision, l'appelaient roi de Bourges. Il semblait que tous les fléaux fussent déchaînés sur notre malheureuse patrie; la guerre civile faisait couler à flots le sang français et la disette venait ajouter à toutes ces horreurs, car les pauvres laboureurs n'ayant ni repos ni sécurité, ne pouvaient ensemencer les terres. Jeanne, au foyer paternel, entendait ses parents, les amis, les voisins, déplorer et gémir sur ces calamités, et se demander si Dieu les avait vraiment abandonnés, ou si, dans sa miséricorde, il ne susciterait pas un libérateur, comme autrefois au peuple d'Israël.

Au récit de ces craintes, Jeanne se sentait prise d'une grande pitié pour tant de maux, et redoublait ses prières; elle fut enfin exaucée, car Dieu lui fit savoir, d'une manière toute miraculeuse, qu'il la choisissait pour commander les armées, chasser les Anglais de France, et mener le roi à Reims pour qu'il y fût sacré. Jeanne résista longtemps à la voix de Dieu, car elle ne pouvait croire qu'elle, pauvre fille des champs, était appelée à opérer de si grandes choses; mais la vérité de sa mission lui fut prouvée d'une façon si merveilleuse, qu'elle se décida à obéir.

Elle prit congé de ses parents, qui furent bien affligés de la voir partir, et, accompagnée de son jeune frère, elle alla trouver le roi à Chinon, en Touraine. A dater de ce moment, ce ne fut qu'une suite de merveilles toutes plus étonnantes les unes que les autres. Ainsi, cette jeune bergère, qui n'était jamais sortie de son village, qui ne possédait aucune instruction, car dans ces temps-là on n'apprenait pas à lire et à écrire aussi facilement qu'aujourd'hui, cette pauvre jeune fille, dis-je, surmontant sa timidité naturelle, convainquit le roi et toute sa cour de la vérité de sa mission, se mit à la tête de nos soldats, ranima leur courage, fit lever le siége d'Orléans (8 mai 1429), conduisit le roi de victoire en victoire jusqu'à Reims, où il fut sacré. Avec Jeanne à leur tête, les Français ne connaissaient plus de danger; partout les ennemis furent battus, mis en fuite. Mais, faut-il le dire? tombée au pouvoir des Anglais en défendant la ville de Compiègne, victime de la trahison la plus noire et de l'ingratitude la plus odieuse, elle fut condamnée à être brûlée vive, comme sorcière et hérétique. Cet arrêt infâme fut exécuté le 30 mai 1431, à la honte de ses bourreaux. Jeanne avait alors dix-neuf ans !

UNE LEÇON DE POLITESSE

Le comte d'Artois, depuis roi de France sous le nom de Charles X, lorsqu'il était encore tout jeune, s'égara un jour à la chasse dans la forêt de Fontainebleau. Après avoir erré longtemps, il fit la rencontre d'un jeune paysan; il s'approcha de lui et lui demanda, en le tutoyant, s'il ne pourrait pas lui donner des nouvelles de la chasse; le paysan le regarda, mais ne lui répondit pas; le jeune comte renouvela plusieurs fois sa demande, toujours inutilement. A la fin, impatienté d'un tel silence, il dit au jeune homme avec vivacité : « Es-tu sourd, es-tu muet? — Je ne suis ni sourd ni muet, répondit le jeune paysan; mais je deviens l'un et l'autre quand on ne me parle pas poliment. — Hé bien ! Monsieur, dites-moi, je vous prie, où est la chasse? — Je viens, Monsieur, de la voir passer il n'y a que quelques instants; prenez ce sentier, vous ne pourrez manquer de la rencontrer. » A ces mots le prince tira sa bourse, la présenta au villageois, en lui disant d'un air aimable et gracieux : « Prenez ceci, je vous prie, je vous le dois pour la leçon que vous venez de me donner.....»

Charles X, roi de France, né a Versailles en 1757, mort en 1836, à Gœritz (Allemagne), était le quatrième fils du dauphin, fils de Louis XV, et était frère de Louis XVI et de Louis XVIII. C'est sous son règne qu'eut lieu la conquête d'Alger. Une révolution le chassa du trône en 1830. Il termina sa vie en exil, dans sa quatre-vingtième année.

Puisque je viens de prononcer le nom de *dauphin*, je veux vous expliquer, mes petits amis, pourquoi ce titre appartenait autrefois au fils aîné de nos rois.

Humbert, prince du Dauphiné, avait un fils unique nommé André, qu'il aimait tendrement. Un jour qu'il jouait avec ce fils bien-aimé, et qu'il le tenait dans ses bras à la fenêtre d'une salle de son château, au bas duquel coule l'Isère, le petit prince lui échappa des mains et tomba dans la rivière, où il se noya. Humbert fut tellement affligé, qu'il résolut dès lors de renoncer au monde et d'aller se renfermer dans la solitude d'un cloître. Il céda ses Etats au prince Charles, alors âgé de huit ans, petit-fils de Philippe de Valois, à condition que les fils aînés des rois porteraient le titre de *dauphin*.

EXERCICE SUR LES ACCENTS

é

L'accent aigu se place sur les é fermés :

vérité	négligé	équité	témérité
préférence	abrégé	négligé	prospérité
vénérable	générosité	férocité	sincérité

è

L'accent grave se place sur les è ouverts :

père	sévère	désespère	nièce
mère	colère	manière	calèche
progrès	procès	ébène	tabatière

cédille

La cédille se met sous la lettre **c** *pour lui donner le son de l'***s**
devant **a o u :**

garçon	contrôle	glaça	caracoler
maçon	concours	limaçon	consonne
reçu	curé	déçu	cuve

ê

L'accent circonflexe se place sur la plupart des voyelles longues :

âme	rame
plâtre	quatre
pâte	patte
impôt	sabot
côte	botte
le nôtre	notre
le vôtre	votre
geôle	rougeole
croûte	toute
tête	jette
gîte	limite
épître	petite
flûte	minute
jeûne	jeune

tréma

Le tréma se met sur les voyelles **e i u,** *pour les faire prononcer séparément de la voyelle qui précède :*

Moïse	moisi
Saül	Paul
Caïn	Vulcain
Esaü	sauveur
Héloïse	Éloi
Zoïle	voile
Adélaïde	laide
haïr	haire
ciguë	figue
coïncidence	coing
maïs	mais
naïve	naître
faïence	faire
baïonnette	baie

LIAISON DES MOTS

Prononcer deux mots comme s'ils n'en faisaient qu'un seul, cela s'appelle faire une **liaison**.

On ne peut lier deux mots ensemble que lorsque le premier se termine par une consonne et que le second commence par une **voyelle** *ou un* **h** *muet.*

Deux mots ne doivent jamais se lier ensemble :

1º *Lorsqu'ils sont séparés par un signe de ponctuation :*

2º *Lorsqu'en les prononçant on observe entre eux le moindre repos.*

s x z

Les lettres **s x z** *se prononcent* **z** *à la liaison :*

Les enfants attentifs[1]

Deux amis inséparables

Marchez un peu plus vite

Cet homme est doux et patient

d

d *se prononce* **t** :

Quel grand arbre

Entend-on du bruit?

Répond-il à votre question ?

C'est un grand honneur

f

f *se prononce* **v** *dans :*

Il est neuf heures

Cet enfant a neuf ans

Mais il conserve sa prononciation dans :

Une soif ardente

Un veuf inconsolable

Un chef intrépide

Un œuf au lait

g

Lorsque **g** *se lie il se prononce* **k** :

Il sue sang et eau

Le sang adorable de J.-C.

p

La lettre **p** *ne se lie pas ordinairement, excepté à la fin des mots* **trop** *et* **beaucoup**.

Il est trop heureux

Il a beaucoup étudié

Qui trop embrasse mal étreint

J'ai beaucoup envié cette position

———

Vous êtes un honnête homme

Bon ami, bon ennemi

On n'en a plus

C'est un ancien avocat

Tout à vous

Elle est bien habillée

Tu es en retard

Il faut aller aux offices

On aime les enfants aimables et vertueux

Vous aimez à lire

Il ne faut porter envie à personne

(1) Nous laissons aux maîtres le soin d'expliquer la prononciation. L'usage seul peut apprendre les nombreuses exceptions.

ABRÉVIATIONS

Sa Majesté	S. M.	Nota Bene (remarquez bien)	N. B.
Son Altesse Royale	S. A. R.	Post-Scriptum (écrit après)	P. S.
Son Altesse Impériale	S. A. I.	qualité	$q^{té}$
Sa Sainteté	S. S.	exemple	ex.
Son Eminence	S. Em.	numéro	N^o
Son Excellence	S. Ex.	premier	1er
Leurs Excellences	LL. Ex.	deuxième	2^e
Comte	Cte	troisième	3^e
Comtesse	Ctesse	quatrième	4^e
Vicomte	Vte	septembre	7bre
Vicomtesse	V^{tesse}	octobre	8bre
Monseigneur	Mgr	novembre	9bre
Messieurs	MM.	décembre	X^{bre}
Madame	Mme	c'est-à-dire	C. A. D.
Mademoiselle	Mlle	nord	N.
Monsieur	M.	est	E.
Maître	M^e	sud	S.
le sieur	le S^r	ouest	O.
Paul et compagnie	Paul et Ce	et cætera	etc.
compte courant	c^{te} c^t		
idem, dito, de même.	id. d^o		

QUATRAINS MORAUX DE M. MOREL DE VINDÉ

I.

Enfant, si dans ton cœur la charité demeure,
Le ciel te laissera ta mère à caresser,
Et ton ange viendra de sa sainte demeure
Auprès de ton chevet chaque nuit se poser.

II.

Ne parler jamais qu'à propos,
Est un rare et grand avantage ;
Le silence est l'esprit des sots,
Et l'une des vertus du sage.

III.

Pour vivre sans chagrin, le sage considère,
Non au-dessus de lui, mais toujours au-dessous ;
Pour ne trouver jamais votre destin contraire,
Regardez ceux qui sont plus malheureux que vous.

IV.

Souvent, par un bon mot, on cherche à faire rire ;
Mais songez que celui que ce bon mot déchire,
Devient un ennemi justement irrité :
On croit être plaisant et l'on est détesté.

V.

Notre vie est si courte ! il la faut employer ;
Instruisez-vous, enfants, dès l'âge le plus tendre.
Vous serez malheureux si vous cessez d'apprendre ;
Et c'est un jour perdu qu'un jour sans travailler.

VI.

Jamais ne plaisantez ; mais si l'on vous plaisante,
Sachez, mes chers enfants, ne pas vous en fâcher,
N'opposez que douceur à l'attaque piquante,
Et forcez le méchant à se la reprocher.

VII.

Ne soyez point ingrats du bien qu'on peut vous faire ;
Des services rendus on doit se souvenir ;
Et la reconnaissance est un juste salaire
Qui, dans un cœur bien né, ne doit jamais finir.

VIII.

Mon Dieu, pour être heureux, tu m'a mis sur la terre ;
Tu sais bien mieux que moi quels sont mes vrais besoins ;
Le cœur de ton enfant s'en rapporte à tes soins ;
Donne-moi les vertus qu'il me faut pour te plaire.

IX.

Soyez doux, complaisants, d'un caractère affable :
On est toujours aimé quand on est sans humeur ;
L'esprit ne suffit pas, enfants, pour être aimable ;
Il faut y joindre encor l'indulgente douceur.

X.

Soyez, mes chers enfants, toujours de bonne humeur :
La gaité fait du bien et donne du courage.
L'enfant toujours joyeux fait aisément l'ouvrage ;
Il a bien plus de mal s'il est triste et boudeur.

XI.

Priez, n'ordonnez pas ; ne dites pas : Je veux.
Ce ton trop absolu déplaît, révolte, excède.
A des refus certains c'est exposer vos vœux.
Tout résiste à celui qui veut que tout lui cède.

XII.

C'est un bien grand défaut que d'aller rapporter :
Ne vous permettez pas cette lâche vengeance.
Si l'on vous fait du mal sachez le supporter ;
Qu'un oubli généreux suive à l'instant l'offense.

XIII.

Qui n'a point d'ennemis est heureux et tranquille ;
Pour n'en avoir jamais le secret est facile :
Pardonnons sans orgueil les maux qu'on nous a faits,
Et ne nous en vengeons qu'à force de bienfaits.

XIV.

Faites l'aumône, enfants ; la vie est éphémère,
La coupe des plaisirs devient souvent amère ;
Et le Seigneur l'a dit dans son livre immortel :
« Les pauvres d'ici-bas sont les riches du ciel. »

LECTURE LATINE

e œ æ *se prononcent* é :

venite (vénité)	revertere	cœrula	gloriæ
miserere	me, de, te	œcodomia	ænigma
benedicite	cœlo	œnanthe	æmulor
grege	cœnito	tuæ	turbatæ

as *se prononce* ace :

sanitas	gratias	lacrymas	tenebras
veritas	sanctitas	longas	semitas
plagas	austeritas	cellas	nostras
animas	infirmitas	inhabitas	potestas

at *se prononce* ate :

eliminat	recolat	absorbeat	videbat
consecrat	firmat	considerat	felicitat
exuberat	insonat	tribuat	erigat
diligat	separat	dolebat	explicat

es *se prononce* éce

fideles	pauperes	perennes	rebelles
carbones	colles	mortales	sermones
omnes	gentes	infernales	peccatores
montes	pedes	progenies	preces

et *se prononce* ette :

sedet	resurget	docet	redimet
exhibet	confringet	germinet	depascet
permanet	retinet	celebret	imperet
ambulasset	anget	faceret	insidet

is *se prononce* ice :

populis	majestatis	campis	servitutis
peccatis	maledictis	specialis	benedictis
finis	tristis	cruoris	gratis
salutis	reducis	canticis	similis

it *se prononce* **ite :**

gessit	protulit	timebit	confregit
resurrexit	apparebit	sedebit	percussit
crediderit	annuit	obstupebit	remanebit
transit	probavit	exaudivit	elegit

os *se prononce* **ôce :**

inferos	domos	oculos	egenos
electos	debitos	nos	populos
inimicos	beatos	mansuetos	nostros
terminos	salvos	agros	meos

em en *se prononcent* **ème ène, à la fin des mots :**

salutem	panem	honorem	crimen
autem	deprecantem	flumen	solamen
faciem	humilitatem	germen	levamen
timorem	multitudinem	certamen	amen

em en *se prononcent* **ain** *au commencement ou dans le corps des mots :*

mentis	stupenti	juventute	redemptionem
memento	commensales	splendor	interemptorum
semper	timentibus	potentis	nempe
venturus	docentis	confidentes	gentes

ens *se prononce* **ince :**

mens	indulgens	confitens	nesciens
sapiens	dicens	fluens	indulgens
respondens	intendens	parens	prudens
clemens	proferens	habens	fulgens

ent *se prononce* **inte :**

laudent	ardent	exorent	abscondent
continent	perhibent	permanent	habent
crederent	vivent	sustinent	offerent
timent	caperent	subsistent	audient

us *se prononce* **uce :**

fletibus	dominus	spiritus	respectus
majoribus	laboribus	clamamus	auribus
egimus	fontibus	adstantibus	sanctus
sumus	cantibus	angelus	omnibus

um *se prononce* **ome** *à la fin des mots :*

confessorum	sincerum	conscriptum	refugium
exaltatum	adjutorium	mysterium	pauperum
sacramentum	documentum	prophetarum	spiritum

um un *se prononce* **on** *dans le corps d'un mot :*

(Voir les exceptions à l'exercice récapitulatif.)

voluntatis	ungere	umbrâ
confunderis	effunde	plumbi
mundis	mundabor	triumphis

Excepté tunc, nunc, hunc

qu'on prononce comme le nombre **un**, *suivi de* **k**. — *Ex. :* **tunk**

unt *se prononce* **onte :**

sunt	laudabunt	timebunt	descendunt
steterunt	viderunt	posuerunt	mergunt
crediderunt	poterunt	concinunt	clamabunt
florebunt	habebunt	fuerunt	invenerunt

am *se prononce* **ame :**

benedicam	instruam	gloriam	memoriam
virgam	vindictam	stipulam	plangam
vesperam	dexteram	custodiam	dolosam
ponam	terram	accipiam	animam

ant ans *se prononcent* **ante anse :**

affluant	consistant	infans	exultans
ambulant	imponebant	expectans	parans
tribuant	benedicant	annuntians	cogitabant
proclamant	relaxans	suscitans	laborant

ti *suivi d'une voyelle se prononce* **si :**

gratias	justitiam	gentium
totiusque	laudatio	tribulatione
tentationem	citius	pretiose

Excepté lorsque **ti** *est précédé de* **s :**

cœlestia	Sebastiane	christiano

on *se prononce* **one :**

non	Sion	Hermon
eleison	Aaron	Ammon

im in *se prononcent* ime ine

enim	Benjamin	immortalis	innocens
etenim	Cherubim	immunitas	innocentia

ch *se prononce* k

chorus	pascha	Michaelem	chorographia
brachio	chiromantia	Melchisedech	Sichimam
charus	chirurgia	Cherubim	chymia
chorum	archangelis	charteus	Chanaan

gn *se prononce* gue-n :

agnus(aguenuce)	benignitate	ignito	malignantibus
magnificat	dignatus	cognoscetis	magnus
regnavit	ignibus	ignoras	expugnans
agnoscamus	ligno	ignoscat	cognita

quo *se prononce* ko :

quoniam	quotquot	æquor
quomodo	quorsus	iniquos
quod	antiquorum	quotidianus

quu *se prononce* ku :

antiquus	quum	loquuntur
æquus	æquum	antiquum

qua *se prononce* koua :

aquarum	quartus	tanquam
quasi	nequando	conquassabit

que *se prononce* kué

laqueos	usquequo	loquetur	laqueum

qui *se prononce* kui

iniquitates	requiem	eloquia

D'après les exercices qui précèdent, nous pouvons déduire les règles suivantes :

1re RÈGLE

Toute consonne qui termine un mot doit se prononcer comme si elle était suivie d'un e *muet :*

elegit (élégite)	suam (suame)	lux (luxe)

2e RÈGLE

ch *sé prononce* **k**; **gn** *se prononce* **gue-n**; **ill** *se sépare et se pro-
noncé* **il-l**:

charitatem	(karitatème)	pupillus	(pupil-luse)
magnam	(maguename)	capillum	(capil-lum)

3e RÈGLE

u *devant un* **m** *et un* **n** *se prononce* **o** *dans la même syllabe:*

fundamentum (fondamentôme)

4e RÈGLE

œ æ e *se prononcent comme* **é** *fermé; mais lorsque* **e** *est suivi d'une
consonne, alors il se prononce comme* **è** *ouvert:*

lœdóriæ	pœnitentiæ	vulnere

regem	(regème)	noster	(nostèr)
judex	(judèxe)	sedet	(sedète)

5e RÈGLE

qua *se prononce* **koua**; **quo** *se prononce* **ko**; **qui** *se prononce* **ku-i**;
que *se prononce* **ku-é**; **quu** *sé prononce* **ku**.

6e RÈGLE

gue *se prononce* **gu-é**; **gui** *se prononce* **gu-i**. — **gua** *se prononce*
goua, **guo** *se prononce* **go**, *seulement lorsqu'ils sont précédés de la
lettre* **n**:

sanguinem	pinguium	langueo

languoribus	(langoribus)	arguas	(argu)
lingüarum	(lingouarum)		

7e RÈGLE

La syllabe **ti** *se prononce* **si** *lorsqu'elle est suivie d'une voyelle et
qu'elle n'est point précédée d'un* **s** *ou d'un* **x**, *car, dans ce cas, elle
garde sa prononciation:*

hostia	annuntiate	commixtio	sitio

8e RÈGLE

*Lorsque deux lettres doubles (consonnes) se suivent, elles doivent se
prononcer toutes les deux fortement:*

succedunt	attollite	esse	horror
aggregare	commodum	immundus	opportuno

EXERCICE RÉCAPITULATIF

extenderunt	quiescentia	ascenderunt
expugnaverunt	confundentur	omnipotens
lignorum	persequentis	jucundum
unguentum	sequestra	quousque [1]
verumtamen	circumdederunt	summaque
delinquentibus	quidquid	usquequaque
brachium	liquescens	antiquum
nonne	persequatur	torrens
pupillo	illuxerunt	adhæsit [2]
quadraginta	quomodo	quamlibet
dominamque	benigna	adumbrat
Edom	Adam	ostium
cymbalys [3]	eloquium	figmentum
increpans	inexercitus	innoxius
innumerus	injucunditas	inexorabilis
imitabilis	immotus	impeccabilis
obedientiam	unusquisque	indulgentiam
super	tener	velociter
et	est	es
quinquies	adolescentior	languens

L'ORAISON DOMINICALE

Pater noster, qui es in cœlis : Sanctificetur nomen tuum : Adveniat regnum tuum : Fiat voluntas tua, sicut in cœlo et in terrâ : Panem nostrum quotidianum da nobis hodiè : Et dimitte nobis debita nostra, sicut et nos dimittimus debitoribus nostris : Et ne nos inducas in tentationem : Sed libera nos à malo.

Amen.

---

(1) *Prononcez* ko-us, car en latin l'*o* et l'*u* ne forment pas diphthongue.
(2) La lettre *h* est toujours muette en latin.
3) En latin l'*y* ne s'emploie jamais pour deux *i*.

TABLE DES MATIÈRES